デリダのエクリチュール

ジャック・デリダ

（Jacques Derrida, 1930 年～ 2004 年）。

アルジェリア生まれのフランス人。

ポスト構造主義の代表的哲学者。

プラトン以来西洋哲学の主流であった、パロール（語られたもの）の音声中心主義に、エクリチュール（書字化されたもの）を対峙させ、脱構築などの概念を用いて、従来の音声中心主義を批判した。著書は『グラマトロジーについて』、『声と現象』、『エクリチュールと差異』など。

目次

まえがき

一九六〇年代から二一世紀の初頭にかけ、フランス現代思想をリードしたデリダのテクストとは、とにかく難解であることで有名だ。入念な事前準備なしに、『グラマトロジーについて』とか『エクリチュールと差異』『散種』『弓鐘』などの、彼の主要テクストを読もうとすると、そもそも何が話題になっているのかさえ理解できないだろう。デカルト、パスカル、ルソー、ベルクソンのような古典的な哲学者のテクストも、難しい概念や言い回し、考え方が多く出てきて、なかなかスムーズに読み進められないが、それでも何が論じられているかくらいは素人にも分かる。

デリダは、そうした著名な思想家たちの伝説的なテクスト、あるいは、彼らの名で流通している言説を、通常とは異なった文脈に置いてみたり、それらと関連していると思われる他のテクスト・言説と対比したり、若干の変形を加えたりすることで、その意味と自明性を疑問に付す。それを通してデリダは、私たちの思考や行動を拘束する意味の体系がどのように生成し、どのように自己再生産・増殖していくか露わにしていく。そうした他の著作家のテクストの「脱構築」の作業に主眼があるので、デリダ自身の「テクスト」は不可避的に、複雑で多層的になり、〝意図〟が取りにくくなる。

ある程度哲学的・思想史的、あるいは文学的、人類学的な素養のある普通の読み手は、デリダが様々の著者のテクストや言説に言及しているのは、それらのテーマを批判的に検証して、批判したり、同意したり、修正したりして、自らの見解を示すためだろう、と暗黙の裡に想定しがちである。しかし、そのつもりで読むと、余計に混乱する。他の著作家のテクストに対する細かくてひねったコメントが続くので、「前置きだろう」と思って適当に読み飛ばしていると、いつまで経ってもデリダ自身の見解が見えてこず、最後まで同じような調子で続くので、絶望的な気分になり、「難しすぎる!」とか「デリダは小難しくひねったことを言っているが、内容がない」、といった印象だけが残る。

そうなってしまうのは、当然である。デリダは、自らが言及している他の著作家たちが扱っている主題に関して、何か独自の見解を付け加えたいわけではないからである。彼が「精神」について語るのは、ユダヤ教、キリスト教、デカルト、ヘーゲル、フッサール、ハイデガーなどによる「精神」論の系譜に新しい一章を付け加えるためではなく、「精神」という言葉がそれぞれの著者のテクストの中でどのように機能し、テクストからテクストへとどのように伝承し、その際にどのような変形が生じたか、異なった著作家たちがこの言葉に固執するのはどうしてか、考える手がかりを得るためだ。

ただ、逆に言えば、様々なテクストや言説の中にたびたび浮上し、分野横断的に様々な著者を縛っている意味の系譜、それに対応する、一定の型にはまった書き方(エクリチュール)に向けられるデリダの関心が見えてくると、彼のテクストは意外と分かりやすい。デカルト、ヘーゲル、ヴァレリー、ハイデガーといったかなり異なるタイプの著作家たちが、どうして「霊＝精神 Geist (spirit)」という神学的な言葉を使い続けたのか、その意味は同一化なのか、変化したのであればどのように変化してきたのか、それは「ヨーロッパに妖怪＝幽霊(Gespenst)が出る――共産主義という名の妖怪＝幽霊が」という時の〈Gespenst (ghost)〉と何か関係があるのか、といった、普通の教養人には些末なことにしか思えない問いに、元々関心を持っていた人にとっては、デリダはむしろ親しみやすい存在であるかもしれない。

彼は、細かいことに異様に拘る変人でも、わざと理解できない文章を書いて喜ぶ衒学者でもない。偉大な著者のテクストを読んでいてひっかかった問題について、その領域ごとの定石になっている問題設定に惑わされ、飼いならされることなく、素朴に考え続けた人である。

本書に収めた、デリダ自身へのインタビューを含めた、四つのテクストは、そうしたデリダの「エクリチュール」に対する強い拘りを理解するうえで、大事なヒントを与えてくれる。特に、『声と現象』のドイツ語訳者であるヘーリッシュが、このテクストへの「序文」として書いた、(テクスト本体ほど長いというわけではないが)かなり長い論文は、デリダの拘りを、恐らくはヘーリッシュ自身の拘りに合わせて読み換えることを試みたものであり、哲学と文学を横断する西欧的エクリチュールの特性にはほとんどなじみがない日本人にとっては、いい足掛かりになると思われる。

ヘーリッシュは、デリダの「音声中心主義」批判を、「死んだ文字(律法)」(エクリチュール)ではなく、「生きた(神の)言葉=福音」(パロール)こそが重要だとしながら、実際には「聖書」という「エクリチュール」が信徒たちの語る言葉(パロール)をコントロールしてきたキリスト教の逆説、考えようによっては、プラトンのエクリチュールによるソクラテスのパロールの再現にまで遡る、西欧のロゴス中心的な思考に潜む逆説の露呈と脱構築として理解する。その前提の下、ゲーテの小説『親和力』を、恋愛、友情、自然の絡み合いという小説のストーリー展開に即した定番の視点からではなく、「死んだ文字」による「生者の自然＝本性（Natur）」の支配という視点から読み解く。小説とはそもそも何なのかを考えさせる読解の仕方である。

ヘーリッシュがやっているように、何でもいいから自分が長年気になっているテクストについて、自分なりの脱構築的な読み方を試みると、デリダのエクリチュールへの拘りに徐々に共感できるようになるかもしれない。哲学的・文学的な凡人である私自身、そういう試みを通して徐々にデリダに慣れていった。

二〇一九年七月

デリダ的なものからますます程遠くなっていく金沢市角間町にて

知識人・資本主義・歓待の法

ジャック・デリダ（インタビュー＝トーマス・アスホイヤー）*1

1　「政治」における哲学のアクチュアリティー

――デリダさん、あなたは哲学者として常にアクチュアルな議論に政治的にコミットしておられますね、例えば新右翼[*2]をめぐる論争とか、国際作家議会[*3]といった場面で。英国とフランスでの総選挙（一九九七年）を経て、政治的環境は変化したと言えるでしょうか。何年にもわたってポスト・イストワール（歴史）[*4]とかシニカルな雰囲気によって、身動き取れなくなっているように見えた知識人たちは、これを機に再び勇気を取り戻すことができるでしょうか。

デリダ　「知識人たち」は「勇気」を失っていたのでしょうか?

そう断定することはできません。彼らはここ数十年の間、例を見ないほど急なテンポで、公共空間に生じた様々な根本的変化を考慮に入れねばなりませんでした。

メディアあるいは遠隔通信技術の領域で発言するための諸条件が激変し、多くの――政治的あるいは経済的な――方向転換や再所有化の試練に晒されています。それに対して、こうした展開を分析し､何とかこれらの罠を回避しつつ行動しようとする全ての「責任ある」市民には、大変な勇気が必要でした。

知識人たちの中には、個人的な出世のためそうした新しいメディアの力を利用する人がいるのだからなおさらです。こうした人たちが正当な目的を掲げてそうしたことをやっている場合、彼らと連帯すればいいのか、それとも排除すればいいのか時として判断に苦しむことがありますね。

知識人たちは、公共的な生活のあらゆる領域において、あなたのご質問で想定されているよりもプレゼンスを得ており、活発ですよ。ヨーロッパにおいて、そして政治あるいは政府の諸審級が過去の図式のおかげでしばしば麻痺させられているようなあらゆる場面でね。

更に言えば、勇気が一つの徳であり、そして徳というのが知的なものだとしても、それは特に〝知識人〟というものから期待すべき特性ではないでしょう。無能で、無責任な知識人が、

＊1　Thomas Assheuer（1955〜）:ドイツのジャーナリスト・評論家。週刊「ツァイト」紙編集者。著書(共著)に、近年のドイツにおける極右の動向を研究した、〝Rechtsradikale in Deutschland〟(1992)がある。基本的に、フランクフルト学派・批判理論に近いスタンスを取っている。九九年夏にドイツのポスト・モダニズム系評論家ペーター・スローターダイクが、(デリダの『葉書(ポスト・カード)』や『友愛の政治』に依拠しながら)フランクフルト学派に代表される啓蒙主義の伝統の終焉を告げる挑発的文章「人間公園のための規則」を出してハーバマス等と論争になった際、後者の側に立って、ポスト・モダン的シニシズムを批判する議論を展開した。

最も有害な勇気を持っているかもしれませんよ。

更に言えば、私はそもそも、あなたがおっしゃっているように、「知識人たちがポスト・イストワールとかシニカルな雰囲気によって身動き取れないでいる」とは思っていません。

この質問に、二、三語で答えるのは困難です。あなたが「ポスト・イストワール」とか「シニカルな雰囲気」という言葉で何を念頭に置いておられるのか了解しておく必要があるでしょう。加えて（私に時間と場所さえあればそうしたいのはやまやまですが）しばしば流布しているこの主題の性急な理解の仕方も問題にする必要があるでしょう。時間の節約（エコノミー）のため、同じ事を繰り返さないですむよう、このインタビューの冒頭で、私の不快感を、一回きりのつもりではっきり表明しておきたいと思います。まさに、メディアと公共空間によって作り出された知識人の発言の諸条件が問題になっているのです。

例えば私が、今提案されているように、四つか五つの文でこの点（「シニシズム」、「ポスト・イストワール」「知識人の位置」等など）をめぐる議論を始めるのを拒絶したとすれば、私は沈黙もしくはエリート主義に逃避していると非難されるのでしょうか？　私が、「これら全ての問いを扱っている公刊されたテクストを参照して下さい」と言ったとすれば、私は自己満足的で、尊大で、あまりジャーナリスティックでない、ということになるのでしょうか？[*5]

私はその逆に、これこそが最も「責任ある＝応答するresponsable」解答（réponse）である、と思います。そのような応答を通して、私がさきほど示唆したような歴史的困難が浮かび上がってくるかもしれませんよ。

変化しつつあり、かつ変化させねばならないのは、そうした公共的発言の条件なのです。そしてこれに伴って、公共空間における知識人の形象が変化するはずです。たしかに両者は、新

＊2　六〇年代後半から七〇年代にかけてフランスで台頭した、右翼陣営内での政治・思想運動。従来の右翼のように直接的に暴力に訴えたり、秘密結社的あるいはエリート主義的に団結を図る戦略は取らず、議会制民主主義を基本的に「承認」すると共に、ナショナル・ポピュリズム戦略とメタ政治学的な理論攻勢（＝「政治」の再定義）によって、伝統的な保守層だけではなく、左翼支持層までも取り込んでいくことを目指す。イデオロギー的な特徴として、民族多元主義（文化的差異主義）、ヨーロッパ中心主義、反平等主義、反自由主義などを挙げることができる。理論的には一九六八年に設立された「ヨーロッパ文明探求・研究グループ（GRECE:Groupement de recherche et des études pour la Civilisation Européenne）」や、評論家のアラン・ドゥ・ブヌワが中心的な役割を果たしてきた。彼らは、ル・ペンが率いる国民戦線とは一線を画しているものの、間接的に理論的な影響を与えているとも言われている。八〇年代以降、新右翼的言説がフランスの政治文化に次第に浸透するようになったことに対して、九三年にデリダ、ウンベルト・エーコ、ポリアコフ、ブルデュー等の批判的知識人たちが、「覚醒へのアピール」を出し、「新右翼」現象をめぐる論争を展開した。

しいヨーロッパの精神を支配しつつある経済中心主義、通貨中心主義に対する最も周到な政治的・経済的抵抗への希望を抱かせてくれます。

では今から、あなたの質問の中心点により直接的、かつ素朴に答えていくことにしましょう。そうですね、英国とフランスの総選挙は「良い徴候」、一番悪くない徴候です。十分の慎重さと節度を保ちながら、こう言っておきたいと思います。

ただし、ある人たちが言っているように表面的にはいくつかのアナロジーが認められるものの、英国での最近の「転機」は、フランスでの定期的な交替[*6]とは全く異なる歴史的意義、全く異なる「機能」を持っています。加えて、二つの新しい多数派（労働党と社会党）によって宣言された目的は、よく言われているよりはずっと異なっており、恐らく相入れないものでしょう。両者が喚起する不安及び希望にもその違いが現れています。たしかに両者は、新しいヨーロッパの精神を支配しつつある経済中心主義、通貨中心主義に対する最も周到な政治的・経済的抵抗への希望を抱かせてくれます。しかし二つの政府が採択した「プラグマティックな」「現実主義」には、まさに自分たちが粉砕すると称しているものを再生産してしまう危険があるのです。

漠然と「グローバリゼーション（mondialisation）」と呼ばれているある種の概念をめぐって、またいわゆる「市場」への適応をめぐって、国境及び移民政策をめぐって、そしてその他の微妙な問題をめぐって展開される言説の内に、それなりのニュアンスやレトリックの変化があることは、私にもたしかに感じられます（そうした変化はないよりはましです）が、つい最近の過ぎ去ったばかりの過去に行われていたこととの断絶は一切認められません。

私は今日でもなお、フランス政府の選挙公約が実行されたか否かについて、いわゆる「現実主義的な」選択の戦略（例えば、移民に関する「パスクァ・ドゥブレ」法は部分的に、そして少なくとも名目的に保持されています。右翼、更には極右の有権者を納得させるために「パスクァ・ドゥブレ」の名を象徴的に保持しているわけですが、一応法の内容は変更したというこ

＊3　一九九三年にフランスのストラスブールで創設された国際的な知識人ネットワーク。初代議長はサルマン・ラシュディ。世界の至るところで暴力や迫害に晒されている作家、学者、ジャーナリスト等の国際的連帯をめざす。デリダは、ブルデューらと共にこの議会の主要メンバーの一人として活躍していた。

＊4　周知のように、ポスト・イストワール（post-histoire）という言葉は、コジェーヴの影響を受けたとされるフランシス・フクヤマの『歴史の終焉』（一九九二）以降、ヘーゲル・マルクス的な大文字の〝歴史〟の終わりをポスト・モダン的な文脈で論ずる際に用いられるようになった。デリダは、『マルクスの亡霊たち』（一九九三）の第二章「召換：マルクス主義」でかなりのページを割いてフクヤマの議論を批判し、これを市場中心主義的な自由主義（新自由主義）の福音だと揶揄している。Cf. Derrida Jacques: Spectres de Marx（SM）, 1993, Paris, pp.97-127

とになっています。それからまた、ヴィルヴォルド[*8]の工場の閉鎖等の例も見られます……）についで判断するのは困難であると感じています。

ただしもう一つの政治的討論、そしてその公共的表現のための空間がほんの少しだけ（慎重にね！）開かれるのはたしかでしょう。「スタイル」が少し変化しているのはたしかです。権力の座にある「政治家＝政治犯たち politiques」は明らかに、文化、研究、教育に対してより開かれた態度を見せており、自分たちはそうした問題をより意識するようになった、と称しています。待ってみましょう……。

――例えばリチャード・ローティー[*9]のように、左翼たちがあまりにも文化的アイデンティティの問題に専念し、社会的な公正＝正義（justice）を忘れているのを批判すべきでしょうか。現在、この二つの潮流のそれぞれとの関わり（あるいは関わっていないこと）がいくつかの政治哲学的議論において決定的な意味を持っているわけですが、あなたはご自身の正義についての考察を、この二つの潮流の中でどのように位置づけますか。

デリダ　ここでまた厳密な差異化をしておくべきでしょう。全ての「左翼」が一般的に、社会的公正の問題よりも文化的アイデンティティの問題に関わっているとは思いません。

しかし、もし自分は左翼だと称する人が実際そういう態度を取っているとすれば、ローティーの批判を受けるのは当然でしょうね。この点において、またこの尺度に関しては、私はローティーに同意するつもりです。というのは、二つの深刻な危険を無視することになりかねないからです。

＊5 『ツァイト』紙に掲載されたインタビューのドイツ語ヴァージョンに付された編者の序文によれば、デリダは、新しいメディア的な条件の下で「知識人」が語ることの困難さをはっきり〝自覚〟しており、同紙とのインタビューにおいても、〝誤解〟が起こらないよう細心の注意を払っていた。インタビューの掲載に至るまでの過程においても、編集部との間でかなり詳細にわたるやりとりを何ヶ月にもわたって続け、最終的に、印刷されたヴァージョンを「妥協」として受け入れたという。インターネットに掲載されているフランス語ヴァージョンが、ドイツ語版の直訳ではなく、かなり改訂されている背景には、そうしたデリダのマス・メディアへの不信感がある、と考えられる。

＊6 英国のブレア労働政権の誕生と並行して、フランスでも総選挙を経て（ド・ゴール主義者のシラク大統領の下で）社会党のジョスパン政権が誕生したが、フランスでは、八一年のミッテラン大統領の当選以来、総選挙・大統領選挙の度に何度も〝政権〟が交替し、保革共存（cohabitation）は三度目である。それに対して英国ではサッチャー新自由主義政権の下で、七九年以来十八年にわたって保守党政権が続いていた。デリダはその点を問題にしている。

（1）文化的アイデンティティの権利要求（私はこの言葉に、いくつも変種がある「コミュニタリアニズム（共同体主義）」[*10]の全てを含めています）はたとえ一定の条件、制約の下では正当であったとしても、時として右の「イデオローグ」――ナショナリスト、原理主義者、人種主義者たち――に肥やしを与えることになります。

（2）そうすることは、その他の闘争、社会的、更には市民的連帯、普遍的（これはトランス・ナショナルということであって、必ずしもコスモポリタンということではありません、というのはコスモポリタンは国家及び市民という審級を再び想定しているからです。世界市民というものが必要でしょうか？　この点については、また後で話しましょう）目的を二の次にし、場合によっては無視することになりかねません。

そして何故、これら二つの関心のいずれか（文化的アイデンティティか社会的公正か）を選択しなければならないのでしょうか。これらは正義への二つの関心、抑圧あるいは不平等の暴力に対する二つの解答です。

両者を同時に、同じテンポで遂行するのは疑いの余地なく極めて困難であります。しかしこう言ってよければ、文化と社会という二つの前線で同時に闘うことはできますし、そうすべきなのです。

知識人の使命は、それを口にすること、この二つの間でのあらゆる単純選択に抵抗する言説

を発信し、そういう抵抗の戦略を練り上げることです。どちらの場合も、アンガジュマン（政

＊7　共和国連合（RPR＝ドゴール派）の政治家シャルル・パスクァは、ミッテラン大統領時代の二回の保革共存期に内相を務めたが、いずれの任期においてもフランスにおける移民・外国人の受け入れを厳しく制限する法案を提出した。九三年のパスクァ法では、非合法移民の長期滞在許可が不可能になり、社会保障も剥奪された。九五年からのシラク保守政権時代にジュペ首相の下で内相を務めたルイ・ドゥブレが提出した「ドゥブレ」法案では、これに加えて不法労働規制のため、居住証明書発行、滞在許可書の発行等に厳しい条件が課せられることになった。特にこの法案の第一条では、これまでもビザの必要な外国人を自宅に受け入れる場合に受け入れ人が市役所にその旨届け出ることが義務付けられていた（この点はそれまであまり重視されていなかった）が、それに加えて外国人が退去する際にもやはり受け入れ人がそれを届け出ることも義務付けられた。これについては、プライヴァシーの侵害であり、「密告」につながるということで、一般国民からの反発も特に強く、「パスクァ・ドゥブレ」法の是非をめぐって大きな論議が巻き起こされた。九七年の総選挙で誕生したジョスパン内閣は、社会党の選挙公約「パスクァ・ドゥブレ」法の廃止）の〝実現〟に向けて、政治学者パトリック・ヴェイユを長とする委員会に同法の〝全面的見直し〟を委託した。同委員会の報告では、国籍法に関しては出生地主義の原則が復活することになったものの、移民法に関しては「開放と統制」（建前と本音？）の二つの方向性を追求する、という曖昧な形になった。九八年には、この報告を下にして国籍法と移民法が改正された。

治参加）における実効的な責任とは、二つの領域、つまり文化的領域と社会的領域における法の現存する状態を双方の間で、また一方から他方へと変換して、それによって新しい法＝権利（droits）を創出するために全てをなすことです。

たとえそうした新しい法＝権利と、私が正義（正義は、歴史と進歩を法＝権利へと導くものであるとしても、それ自体は、法＝権利ではありません）と呼ぶものの間の不一致状態が続くとしても。

——あなたは『他の岬』[*11]という著書の中で、ヨーロッパを一つの政治的プロジェクトとして捉えておられます。「ユーロ」をめぐる長く、ハードな議論の後でも、依然としてヨーロッパをそのようなものとして捉えることが可能でしょうか、そしてそうすべきでしょうか。むしろヨーロッパは、通貨的基準によってしか定義できない企画、商品流通の調整のための企画になりつつある、と言うべきではないでしょうか。

デリダ　私自身も現にさきほどそうした危険を示唆しました（経済中心主義、通貨中心主義、世界市場における競争力への「有効な」適応は、しばしば短絡的で、科学性を装った分析から出発しています）。実際これに対して、断固として政治的なプロジェクトを対置しなければならない、と思います。

ヨーロッパの諸政府の間に、そしてそれぞれの政府の内部に、またヨーロッパを支配する社会的諸勢力の間に見られる多くの緊張がそこから生じているのです。

＊8　九七年ジュペ首相は、第三者的な専門家による調査結果を受けて、フランスの自動車メーカー、ルノーのヴィルヴォルド工場（ベルギー）の閉鎖を決定した。従業員三千人余りが解雇されることになった。この解雇では労働権が尊重されていない、という司法判断が下され、工場閉鎖は延期された。ベルギーのブリュッセルでは、大規模なデモ行進が行われ、社会党第一書記だったジョスパンもこれに参加した。しかし同年六月に発足したジョスパン内閣は、七月同工場の閉鎖を正式決定した。

＊9　米国の哲学者・評論家 Richard Rorty（一九三一～二〇〇七）：スタンフォード大学教授（比較文学）。プラグマティズムの立場から、哲学における相対主義を批判し、「正義」論の復権を訴える論者として知られる。一九七九年に刊行された主著『哲学と自然の鏡 Philosophy and The Mirror of Nature』では、十七世紀以来の近代哲学の〝主流派〟（＝認識論）が、「心」を「自然＝真理」を映し出す「鏡」と見なし、この「鏡」を覗き込み、修理し、磨き上げることにのみ専念したため、「表象 representaion」が哲学の中で支配的になったと指摘。こうした表象中心主義的傾向をうち破るため、「鏡なき哲学」を捏造する。それは、、歴史的見地から、「我々の文化」を構成する、異なった立場や経験を持った人々の間の会話（conversation）を維持・発展させるべく人々を啓発（edify）する実践的哲学だ。そうした文化中心主義的な態度のため、〝保守派〟だとの誤解を受け

若干、詳しく述べておきましょう。あなたは、「知識人」を話題にすることを望んでおられるわけですからね。経済中心主義あるいは通貨中心主義への抵抗は必要ですが、そうした抵抗が「ユーロ」と呼ばれる単位、あるいはそれを操作している銀行家たちに対する無力さがゆえに、あたかも悪魔祓いのまじないや、呪術による抗議のようなものになってはなりません。

この主題に関して言われていることについては、誰が何を言っているのか見極めないで、むやみやたらに信じるわけにはいきませんが、市場の法則に拘束されている、という点だけは無視すべきではありません。

それらの法則は実在し、複雑であり、分析が必要です――ただし、この制度の中で仕事している「専門家たち」でさえ、この法則を分析し切れていないわけですが。現行の「自由主義」の教理に対して、もう一つの政治の論理、そしてもう一つの（きちんと情報によって裏付けられ、論証力のある）社会・経済的な論理を対置する必要があるでしょう。

ユーロはそれ自体としては、「悪」ではないでしょう。政治的・経済的に異なった仕方で、もう一つの「ユーロへの道」を歩むことができるかもしれません。ヨーロッパの各国民国家はこの点に関して、それぞれ独自の計算を働かせ、独自の歴史的責任を負っているのです。ご存じのように、ドイツとフランスの責任は特に重大です。

既にお分かりのように、私はつまるところ、単なる経済の管理人にすぎないヨーロッパへの

政治的抵抗（ある種の政治的ヨーロッパによる抵抗）という方向性に共感を覚えています。た

ることもあったが、九八年に出した『我が国を達成する Achieving our Country』では、自らの「左派」としての立場を明確にしたうえで、米国の左翼インテリ（＝「文化的左翼」）たちが近年、文化的アイデンティティ問題のみに（もっぱらアカデミックに）関わって、シニカルな気分に陥っていることを批判、社会的公正の具体的実現を目指す「政治的左翼」が再登場する必要性を強調した。

＊10 Communitarianism 八〇年代の米国の政治哲学においては、ロールズに代表されるリベラリズムと「共同体主義」との間で活発な論争が展開された。共同体主義の基本的な主張は、リベラリズムの中心にある個人主義、個人の「権利」を出発点におく思想に批判を向け、「共同体」の価値の優先を政治哲学の中で復権させようとするところにある。七〇年代には、リベラリズムと、「最小限国家」を提唱するロバート・ノージック等のリバタリアニズムの間で論争が行われたが、八〇年代に入ってこの双方を総体として批判するＡ・マッキンタイアーやＣｈ・テイラー、Ｍ・サンデルらの論者が、「コミュニタリアン（共同体主義者）」と呼ばれた。例えばサンデルは、ロールズの正義論の前提となっている「個人」の観念を、（共同体という文脈から切り離されて）抽象化された「負荷なき自己（the unencumbered self）」だとして批判する。またマッキンタイアーは、ギリシアから現代に至る哲学・倫理学史を視野に入れながら、啓蒙思想に始まりカントや実存主義思想、現代のメタ倫理学に至るまで受け継がれる「自我」や「自由」の観念を「亡霊たちの自由」といった表現によって揶揄する。

だしもはや、こうした抵抗の言説を支えている「政治的なもの」という概念に全面的に満足しているわけではありません。

この概念はヨーロッパに、またヨーロッパの境界に、政治的なもの、国民的国家の伝統を転移させていますが、そうした伝統に対して私は、多くの疑問とためらいの念を抱いています。

ここでもまた、長い言説が必要になるところですが、それについてはまた、私の出版物を御参照下さい、と言っておきましょう。

2 「マルクスの亡霊たち」と新しいインターナショナル

――あなたは『マルクスの亡霊たち』の中で、フランシス・フクヤマの歴史の終焉のテーゼはそれが流布するようになるや否や、あるいはそれ以前に既に反駁されていたことを巧みに証明されたわけですね。このテーゼが賛辞を捧げている自由主義的な社会は自らの社会問題を解決できなくなっていますね。更に言えば、「グローバリゼーション」は世界中至る所に深刻な問題を作り出しています。もう一度言いますが、一番重要なのは正義への問いです。とりわけ世界的な状況に目を向けた時、哲学はどのような貢献ができるでしょうか。あなたは『マルクスの亡霊たち』の中で、「新しいインターナショナル」[*12]について語っておられます。この「新しいインターナショナル」に関連する政治的な理念、プロジェクトを詳しく述べて頂けませんか。

デリダ　私は、世界的連帯について考えています。それはしばしば沈黙の内に作用していますが、次第に実行力を増しています。それは、もはや社会主義インターナショナルの組織として定義できるような性質のものではありません（しかし私は、国境の向こう側にいる労働者たちや被抑圧者たちを結集させるはずだった革命と正義の精神の内の何がしかのものを想起するために、あえてこの古い名前を使っているのです）。

それは、国家あるいはある種の国家的権力によって支配される国際的審級の中に見出される

***11**　L'Autre cap. 1991. Paris（高橋哲哉・鵜飼哲訳、みすず書房）. 九〇年五月トリノで開かれた国際コロキウム「ヨーロッパの文化的同一性」での講演「他の岬」と、八九年一月『ル・モンド』紙に掲載されたインタビュー「日延べされた民主主義 La démocratie ajournée」から構成される。前者は冷戦崩壊後の混迷の中でヨーロッパ中心主義、反ヨーロッパ主義のいずれの側にも付かず、「他の岬」としての）ヨーロッパの最良の記憶を引き継ぎながら、「他者」に対して開かれる（余地のある）「責任＝応答」の論理を展開する。後者では、「世論＝公論 opinions publiques」についての独特の〝分析〟を通して、公共空間の中に現れつつあるもの（＝来るべき民主主義）のイメージを浮かび上がらせる。

ようなものではありません。この連帯は、非政府的組織（ＮＧＯ）、またはある種の「人道的な」プロジェクトと呼ばれるものにより近いと言えるでしょう。しかしこの連帯は、そうしたものをも越え、国際法、及びその施行のされ方の根本的な変化へと呼びかけるものです。

このインターナショナルは今日、世界秩序の十災禍[*13]――私はそれらを『マルクスの亡霊たち』の中で数え上げています――に対する苦難と共感という形で現れつつあります。インターナショナルは、ほとんど語られることがないものを声高に叫びます。公式になされる政治家のレトリックにおいても、「アンガジュマンしている知識人たち」の言説においても、更には人権擁護で名の通った人々の間でさえほとんど語られることのないものを声高に叫ぶのです。

すぐにうんざりしてしまいそうなマクロ統計の形になっているいくつかの例を挙げておきましょう。毎年何百万人もの子供たちが水が原因で死んでいます。約五〇パーセントの女性が殴られ、虐待の対象になり、時としては殺されています（六千万人もの女性が死亡し、三千万人もの女性が重傷を負わされています）、エイズの患者は二千三百万人もいます（その九〇パーセントがアフリカにいるにもかかわらず、エイズに関する研究予算の五パーセントしか彼らのために使われておらず、トリセラピー（三薬投与療法）[*14]は西洋のごく限られた階層を除けば、依然として手が届かないものなのです）。

インドでは娘の間引きが行われ、多くの国では過酷な条件の下での児童労働が行われています。現実に文字を知らない人が十億人、就学していない児童が一億四千万人もいる、ということなのです。

死刑制度が維持されており、米国ではそれが極めて問題のある仕方で実行されています（西洋の民主主義的諸国家の内では、米国だけがこれに当てはまります。更に米国は、子供の権利に関する条約を認めず、未成年者に対してかけられた罰を彼らが成年に達するや否や遂行している唯一の国でもあります）。公式の報告で発表されたこれらの数字を記憶を頼りに引用しているのは、「インターナショナルな」連帯を呼びかける、様々の問題の規模を思い浮かべて頂くためです。

いかなる国家、いかなる組合、いかなる市民組織も真の意味ではこれらの問題を引き受けようとしません。このインターナショナルな連帯に属するのは、苦しんでいる全ての人々、こうした事態の切迫に対して鈍感でない全ての人々、そして市民的あるいは国民的な帰属に関わり

＊12　『マルクスの亡霊たち』のサブタイトルは、「負債の国家、喪の作業、新しいインターナショナル L'état de la dette, le travail du deuil et la nouvelle Internationale」。同書の中の〔国民国家――国際法〕を論じる文脈で、「新しいインターナショナル」の定義を与えている。Cf. SM,pp. 138-142.

なく、そうした切迫した事態に対応する形で政治、法、倫理を方向転換させようと決意している全ての人々です。

――これらの全ての考察から、右あるいは左というカテゴリーは依然として有効か、という問いが生まれてきますね。どうお考えですか。

デリダ　たとえ現実には、両者を分ける判断基準と裂け目が極めて複雑になっているにせよ、この対立はいまだかつてないほど必要であり、かつ有効であると思っています。例えば、現在告知されているように見える形でのヨーロッパとユーロに対抗する形で、左翼の中のある人々と右翼の中のある人々は事実上、ある時は「ナショナル＝国民的な」価値、ある時は「社会的な」価値の名において、そして更にはその両方の名において連合しています。

一方では、それと同一のレトリックによって、やはり「国民的なもの」と「社会的なもの」の双方を尊重する言説によって、もう一つの左翼ともう一つの右翼が、ヨーロッパとユーロを〝支持する〟形で連合しています。現実の運用の仕方、実践の形態と利害は多様であるとしても、双方とも極めて似通った論理とレトリックを用いています。

この問題に対しては本来ならかなり長々と議論しなければならないのですが、ここでは手短に、はしょって、次のように言っておきましょう。

私は、自分は明らかに左翼であると思っていますが、今日において左翼という立場は、そうした両義性から生じてくる混乱した、新しい論理を分析し、かつその構造を現実的に変革しようとする立場である、と考えています。

更に言えば、そうした両義性と共に、政治的なものの構造それ自体、政治的言説の伝統の再

＊13 「十災禍 les dix plaies」という表現は、旧約聖書「出エジプト記」第七―一二章にかけて記述されている、エジプトを襲った「十災禍」をもじった表現。ユダヤ人が「約束の地」に向けて「出エジプト」しようとしたのをファラオが妨げたため、神がエジプトを罰したとされている。デリダは、『マルクスの亡霊たち』の中で以下の十を数え挙げている :Cf. SM PP.134-139. ①失業②ホームレス③諸国間の容赦なき経済戦争④自由市場の制御不可能性⑤対外債務問題の深刻化⑥軍事産業・取引⑦核兵器の拡大（散種）⑧民族間の戦争の激化⑨あたかも国家であるかのように（＝国家幻影）世界に勢力を拡大しつつあるマフィアなど闇の勢力⑩国際法とその諸制度の現状。

＊14 trithérapie HIV・AIDS の治療法。カクテル療法とも呼ばれる。現在ＨＩＶを含め、ウイルスそのものを殺す治療法は発見されていない。三薬投与療法は、人体内でＨＩＶ（ＡＩＤＳ の原因になるウイルス）が増えるのを邪魔する薬を複数（大抵三種類）使用して、AIDS の発症を押さえる方法。二種類の逆転写酵素阻害剤と一種類のプロテアーゼ阻害剤を、患者の体質に合わせて使用する。

生産のメカニズムを変化させる、ということです。このことを説明するために、以下のミニマルな公理から議論を展開していきましょう。左翼とは、未来を肯定し、変化させる、しかも可能な限り最大限の正義へと変化させる、という願望を抱くことです。

あらゆる右翼は変化と正義（justice）に鈍感である、などと言うつもりはありませんが（そういう言い方をするのは、それこそ不正（injuste）であるでしょう）、右翼は決して変化と正義を自らの行動の第一原動力、あるいは公理にしたりしません。未だに時代遅れになっていない言葉を使って言えば、〝労働〟という概念それ自体が深層において変質しているにもかかわらず、左翼は常に「資本」からの収入よりも「労働」からの収入を優先し続けることでしょう。

それに対して右翼は、前者は後者の前提条件であると主張し続けることでしょう。「右翼で（に）」有ることの本質は、保守（conserver）しようと試みることですが、では〝何を〟守るのでしょうか？　ある特定の利害を守るというよりも、より深いところでは権力、富、資本を、そして社会的及び「イデオロギー的」な規範、等々を保守しようとするわけです。

右翼は個別の政策（une politique）を守るというよりも、「政治的なもの le politique」それ自体の構造を、市民社会、国民、国家等々の間に成立している関係のある種の伝統的な構造を保守しようとすることでしょう。このような意味での左と右の対立を保持し続けようとすれば、首尾一貫して左翼であり続けること、毎日左翼であるのは決して容易なことではありません。

困難な戦略です。

——「グローバリゼーション」に伴う二つの本質的な問題として、国家の消失と政治の衰退を挙げることができます。最近刊行されたテクスト『万国の世界市民よ、もう一度奮起せよ！』[*15]で、あなたはこれから都市が新たな地位を獲得していく可能性があることを視野に入れながら、新しい保護＝亡命権（droit d'asile）に関して、また多様化した政治の場における新たな権力の分立に関していくつかの考察を展開しておられます。

あなたはどのような視点から、哲学がこれらの問題に対して一種の制度的ファンタジーをもって対応できる、あるいは対応すべきである、と考えておられるのですか。

デリダ　正直言って、あなたが「制度的ファンタジー」と呼んでおられるのがどういうものか私にはよく分かりません。

避難都市（villes-refuges）を目指すこのイニシアティヴには、自ずから限界があり、未だほんの予備的な性質のものにすぎないにもかかわらず、この中には、哲学的なディメンションが含まれているのです。「真の」政治的行動は常に哲学を動員します。全ての行動、全ての政治的決定は自らの規範、あるいは自らの規則を創り出すはずです。そうした身振りは、何らかの政治的なものと遭遇する、あるいはそうした政治的なものを予め含意しているのです。

今の時点では、私自身の主張と矛盾していると思われてしまうリスクを承知のうえで言いますが、あなたが「国家の衰退」と呼んでおられるものに対抗して闘わねばならない（依然として国家は、所有化を目指す私的な諸勢力、経済的諸権力の集中を制約することができ、かつ「市場」の名において成される脱政治化の暴力にブレーキをかけることができるからです）が、それと同時に、国家があまりにも 頻繁に国民国家のナショナリズム、あるいは社会経済的なヘゲモニーの代理＝表象に接合しているような場面では、国家に対しても抵抗しなければならない、と思います。その都度分析し、新しい規則を創り出さねばなりません。一方では国家に抗議し、他方では強化するわけです。一般にそう思われているのとは異なって、政治的なものと国家的なものの外延は同一ではありません。再・政治化は必要ですが、新しい国家崇拝に奉仕するようなことがあってはなりません。新しい分離を作動させ、複雑かつ差異化された実践を引き受けねばならないでしょう。

3　哲学にとっての「アポリア」の意味

——あなたはしばしば、ご自分の哲学が逆説によって進行するものであることを強調されます。

あなたはまさに、一般的に知られている正義あるいは友愛についての哲学がアポリアに繋がることを示しておられますが、その一方で無条件の正義、あるいは「全く他なる」友愛への要求があなたの議論の中に常に回帰してきます。あなたはご自身の哲学が、常にアポリアあるいはパラドックスの危険を描き出しているがゆえに、全ての政治的なプロジェクトを最初から意気粗喪させているのではないか、という懸念を抱いておられないのでしょうか。そしてあなたご自身の政治的アンガジュマンに関して伺いますが、あなたのアンガジュマンはあなたの哲

＊15　Cosmopolites de tous pays, encore un effort! (CTP), 1997, Paris. 一九九六年三月に、国際作家会議の呼びかけによってストラスブールで開催された「避難都市会議」第一回大会で読み上げられた原稿が元になっている（デリダ自身は出席できなかった）。この中でデリダは、“cosmopolite（世界市民）”という言葉に現れている、“polis”の二重の意味（「国家」と「都市」）の「分析」から議論を出発させて、（国家の法によって）迫害された人々に「避難」の場所を提供する国際的「避難都市」のネットワークの形成に、新しい「国際法」秩序の可能性を見ようとしている。なお大会に先立って九五年五月に開かれたヨーロッパ地方・地域公共団体会議（CPLRE: 四百以上の都市が加盟）では、「避難都市憲章」が採択され、迫害されている作家・知識人の受け入れの条件が明示された。同年九月欧州議会も、国際作家会議の活動を支持し、ヨーロッパ諸都市に対して、「避難都市網」に加わるよう呼びかけている。デリダのテクストの一部は、既に邦訳されている（港道隆訳、『世界』九六年一一月号）。

学に反するものであるが、にも関わらず、実行に移されているということになるのでしょうか？あるいはむしろ、それを「政治的なものを行う」ということの脱構築を目指す、あなた独特のやり方だと見るべきなのでしょうか？

デリダ　はい、私はできる限りのことをやって、自分の「アンガジュマン」を、「脱構築」を突き抜ける無条件の肯定に対応させようとしています。それは容易なことではありませんし、それに到達できるという確信は決して抱けません。それは決して、知あるいは確信の対象にはなりません。

　あなたが問題にしておられる意気粗喪については、私も時として他の人と同じ様に感じることもあります。しかし、それは私の目から見れば、必要な試練なのです。全ての政治的プロジェクトが、安心できる対象、確証された（つまりパラドックスなし、アポリアなし、矛盾なし、決着の付かない決定不可能性なしで、多幸症的な）知の論理的・理論的帰結であるとするならば、それは、私たち抜き、責任抜き、決定抜き、つまるところ倫理、法、政治抜きに機能する機械のようなものでしょう。アポリアあるいは決定不可能性の試練がなければ、決定も責任＝応答可能性もないのです。

――「決定」という概念は、あなたの考察の中で本質的に主要な位置を占めているわけですが、政治についてのあなたの構想の中でこの概念はどのような位置を占めているのでしょうか? 何等かの形で、正義に代わるものなのですか?

デリダ　決定は正義に取って替わるものではなく、むしろ正義と不可分の関係にあります。決定の責任＝応答可能性なしには、いかなる「政治」も、法も、倫理もありません。

決定が公正であるためには、既存の規範や規則を適応することで満足してはならず、個々の単一状況において、たとえその決断が伝統に書き込まれていたとしても、あたかも初めてのことであるかのように、単独で、自己を再・正当化＝法化(re-justifier)するという絶対的リスクを引き受けねばなりません。

別のところで決定についての言説を練り上げようと務めている最中ですが、ここでは余裕がないので充分に説明することはできません。ある一つの決定がその現象形態において、全くもって私のものであり、能動的かつ自由であったとしても、それが単なる私のポテンシャル、あるいは適性が展開したもの、つまり「私にとって可能な」ものが展開したものであってはならないのです。

決定であるからには、この「可能な」ものを断絶し、私の歴史を切り裂き、そしてまずもって、一定の、ある異質な仕方で、私の内なる他者の決定になっていなければなりません。その決定は、私の中の他者に向かって、他者から到来してくるものでなければなりません。決定は逆説的な仕方で、ある種の受動性を含んでいなければなりません――ただしそれによって私の責任＝応答可能性が軽減することなどあり得ないのです。それは古典的な哲学の言説に統合するのが困難なパラドックスですが、〝決定〟というものがそもそも可能だとすれば、そのような仕方での決定でしかあり得ないでしょう。

――もし全ての政治的アンガジュマンが、アポリアに陥るリスクを冒すとすれば、こう言った方がより筋が通っているのではないでしょうか。アポリアを忘れて、プラグマティックになろうじゃないか、為すべきことをやろう、残りの全ては一種の政治的形而上学だ、とね。

デリダ　あなたが「一種の政治的形而上学」と呼んでおられるものこそ、私に言わせれば、アポリアの忘却に他ならないわけです。そして私たちはしばしばそうした忘却に陥りがちです。しかしアポリアは忘却されません。明らかに解決のない矛盾や問題……等々を回避することを特徴とする「プラグマティックス」とは一体何なのでしょうか。この現実主義的で、経験主義的な「プラグマティックス」と呼ばれているものこそ〝形而上学的な夢〟ではないか、しかもこの言葉に与えられている最も非現実的で、虚構的な意味においてそうであるとは思われませんか？

——あなたがこれまで様々な場面で明らかにしてこられたアポリアは、悲劇的なものである、と言ってよいのでしょうか？　だとすると、常に「悲劇的な」歴史についてのあらゆる言説は、政治的にかなりの問題を含意していると認めるべきではないでしょうか？　一種の歴史の形而上学ではないのでしょうか？

デリダ　その通りです。私はしばしば〝アポリア〟を、悲劇的な苦難として感じています——漠然とした形で、一般的に通用している意味において（恐るべき論争、私たちにつきまとう矛盾、何をしようと満足できず、無制限な要請に応えられないまま、いずれにしても重い代価を支払うことになるだろうという感情、という意味において）そう感じているのです。

しかしこの「悲劇的感情」の中にこそ、「歴史の形而上学」と（運命論と運命への服従という意味での）「悲劇」に対立するものがあるのです。

私はそこにむしろ、問い、行動、決定の条件、そして運命性・摂理あるいは神学に対する抵抗の条件を感じるのです。

——あなたの哲学は、啓蒙（l'Aufklärung）の希望に対しては両義的な姿勢を示していますね。一方ではあなたは、主体、あるいは精神等々の概念への強い批判に貢献してこられましたし、またそうした批判を、これらの概念に結び付いた公理系を問題化する方向へと拡張してこられたわけです。しかしその一方であなたは、ある種の解放の観念をますます頻繁に強調されていますし、あなたはその観念が啓蒙に由来するものであることを躊躇なく認めておられます。あなたはご自身の思考の中に、そうした両義性を認められますか。そうした両義性が存在するとすれば、その政治的帰結はどのようなものになるでしょうか。民主主義という理念もまた、こうした両義性に支配されているのでしょうか。

デリダ　そうです。より正確に言えば、常に両義的なものとして少なくとも、「民主主義の理念」とこの名の下に現実の中で自己を現前化するものの間の還元不可能な隔たり、常に疑いの余地なく存在する不一致を挙げることができるでしょう。

　しかしながらこの「理念」は、「カント的な意味での理念」、つまり統制的であると同時に無限に遠ざかっていく理念ではありません。この理念は、今・此において、最も具体的な切迫性＝統制（urgence）を引き起こすものなのです。

にもかかわらず、私がこの「民主主義」という古い名前にこだわり、これだけしばしば「来るべき民主主義＝未来の民主主義 démocratie à venir」[*16]を語るのは、それがまさに――その概念性の内に不一致と〝来るべき＝未来〟というディメンションを孕みながら――自らの歴史性と完成可能性を告知する政治体制の唯一の名前であるからです。

民主主義のおかげで、我々がこれら二つの開放性を――公然かつ全く自由に――引き合いに出すことが原理的に可能になるのであり、またそれによって全ての民主主義と呼ばれるものの現状を批判することができるようになるのです。

――あなたは、マルクスの亡霊たちについて印象的な本を書かれましたが、その中心点になっているのは、これらの亡霊たちは単に戻ってくるだけではなく、常に我々の間にいた、ということだったと思います。私たちが、少なくともマルクス主義の一部は全体主義的な企てをその本質としていた、ということを認めた場合、その亡霊たちは私たちに一体何を教えてくれるのでしょうか。ひょっとすると、私たちが望んでいる他の亡霊たちと共に、あの全体主義的な亡霊たちも戻って来るのではないか、と恐れる必要はないのでしょうか。

デリダ　当然それを恐れねばなりませんね。それは全体主義の体験、ソ連マルクス主義の恐るべき失敗から引き出される教訓の一つです。

しかしこの警戒が、マルクスが私たちに教えてくれたもの全てを拒否するための口実あるいはアリバイになってはいけません。我々が安易さに流されず、アルカイックな反復性に身を委ねまいとするのであれば、マルクスは依然として私たちに多くのことを教えてくれることでしょう。ここでまた、『マルクスの亡霊たち』そして他の本（私の本とは限りません）を参照するよう、あえてお願いしたいと思います。実際、手短に答えるのはかなり困難ですからね。

――左翼の自己批判以来、もはやユートピア的な思考は存在しません。保守による文化批判が、その最後の仕上げをしました。あなたの哲学は、ユートピアの名を言明していませんが、にもかかわらず、ユートピアを全面的に断念してはいないように私たちには思えます。出来事、あるいは「全き他者」の内に、新たなる名前のユートピアを見るべきなのでしょうか。

デリダ　ユートピアによる批判の力というものがあり、決してそれをあきらめてはなりません。ユートピアをあらゆる言い訳と、あらゆる「現実主義」で「プラグマティック」な任務放棄に対する抵抗のモチーフとして利用できるのだからなおさらのことです。しかし、それにもかかわらず私はこの言葉を警戒します。

ある文脈の中で「ユートピア」――いずれにしてもこの言葉――はあまりにも容易に夢に結び付き、動員解除へと、行動よりもむしろ断念へと追いやるような不可能性（un impossible）へと繋がっていくのです。私がしばしば口にしている「非・可能なもの（l'Im-Possible）」というのは、ユートピア的なものではありません。むしろ願望、行動、決定に向かって運動するものなのです。それは、まさに〝現実的なもの〟の形象であり、〝現実的なもの〟の有する持続性、近接性、切迫性を備えています。

4　世界市民法と「歓待」の法則

――あなたが『マルクスの亡霊たち』で分析されている資本主義の世界的諸問題の中でも、無国籍者と避難民の問題があなたにとって最も緊急なものの一つであるように思えます。最近の

＊16　デリダは、『友愛のポリティックス』（一九九四）の中で、〔「啓蒙」――「来るべき民主主義」――「現前不可能性」――「完成可能性」〕の相関関係をめぐる議論を展開している。Cf.Politiques de l'amitié, 1994, Paris.pp.339-340（鵜飼哲他訳『友愛のポリティックス2』みすず書房、一七一頁以下）

あなたのテクストの内に、ハンナ・アーレントの中心的な思想でもあった、ある一つの主題を見出すことができます（それはとりわけ、『他者の単一言語使用』[*17]について言えることです）。それは、無条件の歓待に対する絶対的な評価、という主題です。どのような点において、このような歓待が、世界的社会における避難民問題への解答に繋がりうるのでしょうか。

デリダ　無条件の歓待は、正義それ自体の思考と不可分でありますが、それ自体としては実践不可能なままに留まり続けます。歓待を規則あるいは法制の中に書き込むことはできません。これをただちに政治に翻訳しようとすると、倒錯した結果をもたらす危険を常に伴うでしょう。しかしこうした危険に注意しながらも、私たちは、留保なしの歓待に準拠するのを断念するわけにはいきませんし、そうすべきではありません。

留保なしの歓待というのは、その外部では歓待の願望、概念、経験、思考自体がいかなる意味も持たなくなる絶対的な係留点です。もう一度言いますが、この係留点は「カント的な意味での理念」ではありません。そこから直接的で具体的な切迫性＝統制が発する場なのです。従って政治の使命として残されるのは、与えられた状況において、歓待の倫理がその原理において侵犯されることなく、可能な限り尊重されるように、最良の「立法的」妥協、最良の「司法的」条件を見出だすということです。

そのためには法、習慣、共同幻想（phantasme）といったあらゆる「文化」を変えねばなりません。それが、今求められているものなのです。外国人ぎらい、ナショナリスティックな反応の激しさも、その兆候になっているのです。今日、この課題は切迫しており、同時に困難です。このことは至るところ、特にヨーロッパにおいて顕著になっています――ヨーロッパは、自らが内に向かって開かれている（シェンゲン協定）[*18]と自称しながら、それに反比例する形で外に対して閉じていく傾向を持っているわけですから。

国際的な法秩序の立て直しが求められています。今世紀において、「難民」という概念とその体験は突然変異を遂げました。そのため、難民問題への対応という側面において、政治と法は根本的に古びたものになってしまいました。

「難民 réfugié」、「亡命者 exilé」、「流刑者 déporté」、「強制移住者 personne déplacé」、更には「外国人 étranger」という言葉さえも意味が変化しました。

それらの言葉はもう一つの言説、もう一つの実践的解答を求め、「政治的なもの」、市民性（citoyenneté）、国民としての帰属、そして国家の地平を変化させるのです。

――（そういうものがあればの話ですが）「歓待の法 lois de l'hospitalité」が実定法としてのステータスを得られなかったとしたら、どうすべきでしょうか。そうした状況では、この法は単なる恩寵の行為、つまり市民権(droits civiques)を持たない市民(citoyens)に対する恩寵ということになってしまわないでしょうか?

デリダ　歓待の法が実定法に書き込まれるよう、まさにあらゆることをやるべきでしょう。それが不可能だとすれば、各自は自らの魂と良心において、時として「私的な」形で、法なしに、あるいは法に反して〝何を、いつ、どこで、どのように、どこまで〟やるべきか判断しなければならなくなるでしょう。

もっと詳しく話してみましょう。フランスにおいて我々の仲間の何人かが、「サン・パピエ(滞在許可書なし)」の人たちの受け入れに関して、「市民的不服従」を呼びかけました[*19](我々の仲間の間——例えば私のセミナーで——ではごく少人数ではありますが、公開された=公共的な形で、報道機関がこの問題を取り上げ、数多くの抗議者が人目を引くようになる一年も前からこの問題に取り組んできました)。

しかし、それは法一般に違反せよというアピールではなく、私たちの憲法に書き込まれている原則、国際的慣習、様々の人権、そして私たちが——たとえ無条件ではないにせよ——至高であると判断する法と矛盾するように見えるもの、そうしたものに対して不服従の態度を取るよう呼びかけるアピールです。まさにこの至高の法の名において、一定の制約された条件の下で、我々は「市民的不服従」を呼び掛けたのです。

しかし私は、さきほどあなたが私に向けられた「恩寵 grâce」という言葉（無条件かつ無償の贈与（don））を放棄しようとは思いません。この言葉が、曖昧な宗教的な意味合い――そうした宗教的な意味合いは時として興味深いものであったとしても、別の議論を呼び起こしかねません――に結びつかなかったらの話しですが。

――他の普遍的な道徳概念と比較した場合、歓待の思想にはどのようなメリットがあるのでし

＊17 （他者としての）ユダヤ人にとっての「言語」を問題化しているこの著作の中でデリダは、ユダヤ人の言語を「客民部族の言語 die Sprache des Gastvolks ＝自分を受け入れてくれるホストの言語 la langue de l'hôte qui l'accueille」として捉えようとするローゼンツヴァイクの言語観に対置する形で、アーレントにとっての「母語」の問題を論じている。cf.Le monolinguisme de l'autre, 1996, Paris, PP. 92-100,PP.100-109（守中高明訳『たった一つの、私のものではない言葉』岩波書店、一四六‐一五四頁、一五五‐一六四頁）なおデリダは、『万国の世界市民よ、もう一度奮起せよ！』の中でもアーレントに言及しながら、「難民」、「亡命者」、「流刑者」、「強制移住者」などの故郷（国家）を失った少数派の人々のことを問題にしている。cf.CTP pp.18-24, pp.38-40.

ようか？　この思考はさほど抽象的ではなく、常に個別の他者に向けられるべき正義を考えるのに、より適しているというわけでしょうか。

デリダ　はい、その定式の仕方に私も同意します。さきほど私が示唆したこと（国境、国民国家、人口の移動、等々）を視野に入れれば、今日における最も具体的な、切迫した課題が「歓待」というテーマに集中しており、かつこのテーマは倫理的なものを政治的なものに結節(articuler)するのに最も適している、と言えるでしょう。

――もし法＝権利（droit）の安全性という理由から、道徳的要求としての歓待に単純に信頼を寄せるわけにはいかないというのであれば、いかなる点において、無条件な歓待の思想が法的・道徳的秩序に結び付くのでしょうか？　あなたは、全ての人間にとっての一種の世界的な市民法（droit civique mondial: カントの言うコスモポリタン（世界市民）的な法（le droit cosmpolite））を構想されているのですか。しかし世界的国家――そこでは直ちに正当性という審級が生じてくるでしょう――に遡及することなしに、そのような法を構想することができるのでしょうか？

デリダ　それは、私が長年にわたって授業の中で詳しく扱ってきた問題です。カントを参照することは不可欠ですが、同時にそれだけでは不十分です。

カントが「普遍的な歓待」と呼んだものを調整・規則化していけば、世界市民権（droit cosmopolite ＝ Weltbürgerrecht）とでも言うべきものになるでしょう。[*20] 今日、我々の間国家的な審級がそうした権利＝法に実効性を与える――それは現実とほど遠いのですが――とすれば、それは偉大なる進歩へのパースペクティヴを提供してくれることでしょう。

しかしカントは、この権利＝法の行使に多くの制限と条件を付けています（この権利が与えられるのはもっぱら市民の立場に対してであり、従って国家と国家の間で認められる、という形になります。そして居留権＝客人の権利（Gastrecht）として認められるわけではなく、もっ

＊18　欧州共同体（欧州連合）内のヒト、モノ、資本、サービスの移動の自由を保証するため、ルクセンブルクのシェンゲンで一九八五年に合意され、九〇年に正式調印された協定。EU十五カ国の内、英国とアイルランドを除く十五カ国が加盟した。調印国相互での国境管理（入国審査、税関 etc.）の撤廃を唱い、「ヨーロッパ市民」の国境を越えた完全な自由通行を目指している。ただし域外からの移民の取り締まりにおいて連携することも取り決められており、この点に関して難民救援団体から非難の声も挙がっている。

ぱら訪問権（Besuchsrecht）としてのみ認められているのです：ヨーロッパにおけるシェンゲン協定のような、国家間の個別条約があれば話は別かもしれませんが）。

このような制限を撤廃する権利＝法（そして同時に法を越えたところにある正義であるもの）を創出しなければなりません。もはや国家次元に留まることのない正当性の審級、あるいはある種の国家へゲモニーに対して闘争することのできる国家間契約を創出しなければならないでしょう。

しかしそれが世界国家、単一の世界国家（！）でありえないのは確かです。先ほど私たちが国家について話したことを想起しましょう。しかも、あなたがたった今引き合いに出されたカントもアーレントも、単一の世界国家の可能性あるいは機会を信じたことはありませんでした。

この課題が解きがたいものであるように見えることはよく分かっています。しかし、その解決策が同時に知の対象になりうるような課題、単なる知識によって到達可能な〝課題〟があるとすれば、そのようなものが課題だと言えるのでしょうか。

——あなたは『他の岬』の中ではっきりと、ヨーロッパ民主主義への信仰告白をなさっています。しかしその一方、時としてこの民主主義の諸制度に対するためらいを見せておられます。このためらいの理由は何でしょうか。その理由というのは構造的な次元に関わるものでしょうか、それとも「良き理念」が誤って配置されている、という次元の問題なのでしょうか。

デリダ またもや、簡略で概括的な言い方になってしまいますが、私はヨーロッパに「反対する」もの全てに「反対」します。

私の不安、ためらいの原則的な内容は、既にお話しした通りです（私は「グローバリゼーション」と呼ばれる——依然漠然としており、かつ教条的な——概念に適応しようとする性急さに反対し、かつ、さほど確かでない専門家の知識を信頼しすぎる経済中心主義と通貨中心主義に反対します。また、ヨーロッパの公理系の深層に書き込まれている民主・キリスト教的なヘゲ

＊19 ここで問題になっているのは、フランス国内の不法滞在者＝「サン・パピエ」を取り締まるために、ドゥブレ法（注7）参照）で規定された「歓待の罪」に反対する市民的な抗議運動である。「歓待の罪」とは具体的には、不法滞在者を「歓待＝受け入れ」した者に対する処罰規定である。デリダは一九九六年十二月二十一日に、レ・サンマンディエ劇場で行われた「サン・パピエ」支援集会で、この問題を法哲学的に定式化している。この時のテクストは、櫻本陽一の解説付きで翻訳されている。Cf.Manquements-du droits à la justice (mais que manque-t-il donc aux“sans-papiers”?)／「正義の法への違背欠如／——法・権利から正義へ」月刊『情況』（一九九八年一〇号）、六〜三〇頁。

モニー――そうしたヘゲモニーは時として公言され、また時として否定されたりしますが――の下での大規模な国民＝国家主義の再構成に反対しますし、十分に自己を「思考」していないヨーロッパ中心主義にも反対しますが、事実上の民主主義と、先程お話しした「来るべき＝未来の民主主義」の間のこうした不一致を考慮に入れることには賛成です）。

しかし私は、そうしたためらいを口実にして、ヨーロッパ統合のプロセスを中断すべきだとは思いません。民主主義に関してそうであるように、進行中の運動の中に身を置き、その運動を内部から方向転換させるべく闘争しなければなりません。

5 西欧現代思想における「正義」の系譜

――あなたの理論の倫理的背景は、時として極めてみごとに隠されていることがありますが、それでも常に確認可能でした。しかし何故しばらく前から、正義の問題があなたのテクストの中で主人公として前面に出てきているのですか？ 正義とその実行をめぐる思考が、更に深刻に必要とされている、ということなのでしょうか？

デリダ あなたが「背・景 arrière-plan」と呼ばれたものは、以前から読み取り可能でした。

いつだって読み取り可能だったのです。しかし読み取れるものを知るには、先ず読まねばなりません。かつてこれらのテーマが現在のような言葉、形式で現れてこなかった、というのは本当です。

誤解を避けるために、一定の「理論的・批判的」な道程を辿って来ざるをえなかったのです。[*21]

*20 デリダは『万国の世界市民よ、もう一度奮起せよ!』の中で、カントが『永遠平和のために』の中で提起している「普遍的歓待」の問題を分析している。cf.CTP pp.50-56. ／なお、『永遠平和のために』の中では問題の箇所は、以下のように記述されている:「ここでもこれまでの条項におけるのと同じように、問題とされているのは人間愛ではなく、権利であって、友好(=歓待:仲正・注)よい待遇)と言っても、それは外国人が他国の土地に足をふみ入れても、それだけの理由でその国の人間から敵意をもって扱われることはない、という権利のことである。その国の人間は、外国人の死を招くような結果にならなければ、その人間を退去させることもできる。しかしその外国人が、他国の地で平和にふるまうかぎり、敵対的な扱いを受けることがあってはならない。だが外国人が要求できるのは、客人の権利(この権利を要求するのには、かれを一定の期間家族の一員として扱うという、好意ある特別な契約が必要となろう)ではなくて、訪問の権利であるが、この権利は、地球の表面を共同に所有する権利に基づいて、たがいに交際を申し出ることができるといった、すべての人間に属している権利である」:宇都宮芳明訳『永遠平和のために』(一九八五、岩波文庫、四七頁)

私はそれらの誤解が消えたとは思っていません、それほど容易に解けるものではないでしょう。

もう一度言いますが、いずれにせよこれは私の書いたものをちゃんと読んで下さっている方の視点からだとそのように見えるだろう、という話です。残念ながら、私は世界の中で事態が一層「深刻化している」とは思っていません。三十年前にも既に同じ災いがあったのです。今ほどメディアで焦点を当てられていなかっただけのことで……。

――ユルゲン・ハーバマスの主導で発展してきたフランクフルト学派第二世代の思考とあなたを隔てている、非常に興味深い分離に関して、少し話して頂けませんか。少なくとも私の質問に対するあなたのお答えを通して次第に明らかになってきたように、両者の間には驚くほどパラレルなものがあるわけですから、両者を隔てているのはむしろ哲学的、政治的な誤解ではないか、と思えてきます。

デリダ　ここでもまた、（私の側からだけではない）長い解答を要するであろう、また今後も要することになる（と私が期待している）この問いに対して、極めて手短にしか「答えることができません。私には喜ばしいことなのですが、ハーバマスと私は政治的に切迫した事態を前にしてしばしば同じ側に位置し、連帯しています。私たちは例えば、国際作家議会、ＣＩＳＩ

A[*22]（これはアルジェリアで迫害されている知識人、ジャーナリスト等を支援する組織です）などの国際的なアソシエーションにおいて共通の目的を掲げています。

私はいつだってドイツにおけるハーバマスの政治的介入の多くを理解し、かつ賛同してきた、と思っています。あなたが言及された、深刻な「哲学的」抗争として知られているものについては、数年前に私なりの視点から説明したことがあります（この抗争は、直接的かつ間接的な形で行われており、ヨーロッパにおいても他の場所においても展開し、かつ「呈示＝現前化＝表象 représenter」されています）。

瞬間的に政治的連帯が成立しているからといって、こうした抗争を単なる誤解のレベルに還元していいものでしょうか？　それについては確信を持てません。もしかすると、議論を深め、綿密で、厳格なものにしていくきっかけとなるかもしれない、深い次元での政治的差異、「政

*21　デリダは一九八九年に行われたマイケル・スプリンカーとのインタビュー（「政治と友情」）の中で、これまで（マルクスを軸に展開する）法や政治の問題に明示的な形で言及してこなかったのは、アルチュセールを中心とするフランスの左翼の陣営との間に微妙な緊張関係があったからだ、と述懐している。「政治と友愛」『アルチュセールを読む』（二〇〇〇年、情況出版）、一七〇〜二四七頁参照。

治的なもの」、「社会的絆」、「言語」の本質をめぐる見解の不一致が浮上してくるかもしれません。そのような不一致を起点に新しい努力、新しい課題が規定されることになるかもしれません。私が期待するのは、そうした議論が直接的であれ、あるいは他の人を経由してであれ明日にも明後日にも行われること、そしてそれらの議論が厳格であると共に、心のこもったものになることです。

——エマニュエル・レヴィナスはあなたにとって最も重要な哲学者の一人であった、と考えられています。最近、フランスのカトリック、保守思想の側で彼の思想を取り込もうとする動きが認められます。あなたは、こうしたサイドからの関心をどのように説明されますか。また、レヴィナスに対するあなたご自身の最近の考察を、こうした取り込みの試みとの関連でどのように位置付けますか。つまり問題になっているのは哲学固有の論点なのでしょうか、それともそこに、フランスの大学の政治状況、あるいは少なくとも哲学UER（教育研究単位）について示唆してくれる要因を見るべきでしょうか?

デリダ　おっしゃる通りです、この「論点」、この「状況」は注意深い分析を要します。私のレヴィナスに対する敬意と感謝をご存じですね。彼の思想は今世紀における大いなる出来事だと思っています。しかしあなたがおっしゃった不安にさせる「取り込み」には、カトリックや保守的なものだけではなく、ナイーヴなモラリズムによるものもあれば、感性を麻痺させ、単純化してしまうメディアでのイメージ形成によるものもあります。

そうした傾向に私なりのやり方で抵抗するために、彼に捧げたテクストの中で、私は常に慎重でありながらも明確に、あらゆる種類の留保を強調してきました。とりわけ（例えば、『アデュー（Adieu: さようなら＝神へ）』[*23]で扱った国民とイスラエルの問題のような）政治的な懸念、

*22 Comité de Soutien aux intellectuels algériens（アルジェリア知識人支援国際委員会）。アルジェリアでは、九〇年代に入ってからイスラム原理主義運動が急速に台頭し、九一年末の総選挙ではイスラム救国戦線（FIS）が勝利したが、政府側が選挙の無効を宣言したため、政府（九二年の大統領暗殺後、軍事評議会が実権を握る）側とFISを中心とするイスラム原理主義勢力の間で闘争が激化し、事実上の内線状態に陥った。双方のテロ活動によって、六万人以上の犠牲者が出ているとされる。特にフランス語で教育を受け、西欧型の民主主義を支持する親西欧的な学者、知識人、作家、ジャーナリストがターゲットにされており、約一万人もの知識人がフランスへの亡命を申請している。CISIAはそうしたテロの危険に晒されているアルジェリア知識人を支援するため、フランスの知識人たちによって組織された団体。デリダや作家のレイラ・セパール等が中心的な役割を果たしている。

あるいは彼の「第三者」及び「正義」概念のパラドックス、彼の倫理が常に転倒する危険を孕んでいること、「正しさ droiture」の直中に不可避的に存在する「偽りの誓い parjure」などの問題を強調してきたつもりです。

しかしここで再び、あまりにも曖昧に、あるいは不公正にならないよう、公刊されているテクストをご参照下さい、と言うことをお許し頂けるでしょうか？

※訳者付記　ここに訳出したのは、ドイツの週刊『ツァイト』紙の一九九八年三月五日付第一一号に掲載されたデリダへのインタビューである。同紙上で公表されたオリジナルの原稿は無論ドイツ語であるが、デリダ自身がこのヴァージョンに必ずしも満足していないため、彼の希望に応じてインターネット上で、このインタビューの改訂・フランス語版が公開されている。Cf. http:www.hydra.umn.edu/derrida;/zeit.html デリダ本人からインタビューの翻訳許可を得るに際して、彼が手を入れたフランス語ヴァージョンを使うようにとの条件が示されたため、フランス語から翻訳することになった。ドイツ語版とフランス語版では、Q&Aの構成もデリダの言い回しも、部分的にはかなり異なったものになっている。

Jacques Derrida; Ein Gespräch mit dem Philosophen Derrida über die Intellektuellen, den Kapitalismus und die Gesetze der Gastfreundschaft.

＊23 ADIEU à Emmanuel Lévinas, 1997, Paris. ／一九九五年十二月のレヴィナスの死に際して、パンタン墓地で読み上げられたデリダの弔辞「アデュー」と、九六年十二月ソルボンヌで行われた集会「顔とシナイ――エマニュエル・レヴィナスへの賛辞」での講演「迎え入れの言葉」から構成される。「アデュー」では、この死者に対する（ありふれた）追悼の言葉の意味（à-dieu：神へ）を起点として、この言葉に含意される「私」と絶対的他者としての他人との間の倫理的関係の創設という問題が論じられている。「顔とシナイ」では、レヴィナスの「他者」思想とイスラエル国家創設の関係が論じられている：この点について詳しくは、以下を参照。港道隆『レヴィナス――法・外な思想』（一九九七）、三一四～三三二頁。

政治としての亡霊性

フランソワ・デブリクス

人間は自らの歴史を造り出すが、自分の好きなように造り出すわけではない。自ら選択した環境の下で造り出すのではなく、直接的に遭遇する、過去から与えられ、伝承されてきた環境の下で造り出すのである。全ての死に絶えた世代の伝統が悪夢のように、生者の脳にのしかかる。そしてまさに彼らが自己自身と諸事物の革命に従事し、未だかつて存在しなかった何かを創造しているかのように見える時、まさにそうした革命的危機の時期に、彼らは過去の霊を利用するために熱烈に呪文を唱えて召喚し (conjure up)、彼らの名前、ときの声、慣習を借り、その由緒ある装い、借りてきた言葉で世界史の新しい舞台を演出するのである。

マルクス『ルイ・ボナパルトのブリュメール十八日』[*1]

生者に命を与えるよう死者に要請すること。

現在の行動を成し遂げるために過去の精神＝霊（spirit）を呼び出すこと。現在の政治闘争に意味を与えるために過去の戦闘を「呪文を唱えて召喚する」こと。

これが政治的戦略としての亡霊性（spectrality：亡霊的なものへの回帰、亡霊たちの回帰、回帰する亡霊たち）の基本的な方策である。

これが政治の、つまり亡霊性としての政治的なもの、もしくは亡霊的な営みとしての政治活動の基本的な（無定形の）形式なのである。

最近のデリダの政治的なものの探求を通して、ポストモダニティーを再活性化して、政治的アパシーから引き離し、（新しい？）政治的活動（あるいは、これから明らかにしていくように政治的亡霊性）[*2]の時代に移行するきっかけがマルクスの中に見出だされたのである。マルクスを亡霊化して、呪文を唱え、再度回帰させるべく呼び戻さねばならない。マルクス及び／又はその亡霊たちが、今一度政治を救わねばならない。『マルクスの亡霊たち』の序文でデリダは以下のように述べている。

私は長い間、幽霊（ghost）について、伝承と諸世代について、幽霊の諸世代について、言い換えれば、私たちに対しても、私たちの内でも、私たちの外でも、現前したり、現前的＝現在的に生きていたりしない有る種の他者たちについて語る準備をしているが、それは正義（*justice*）の名においてである。正義がまだない場、まだ現にそこにないような場、つまり正義が、権利＝法（droit）へと還元可能な法（loi）としてしか、もはや現前せず、決して存在することのないような場における正義の名で。既に死んでしまったか、あるいはまだ生まれていないかで、もはや、あるいはまだ、現にそこに、現前的＝現在的に生きて存在するのではない他者たちを尊重することを原理的に認めないようないかなる倫理も、革命的であれ非革命的であれいかなる政治も、可能であるとも、考えられうるとも、正しい（*Just*）とも思えなくなった瞬間から、幽霊について、いやそれどころか、幽霊に向かって、幽霊と共に語ることが必要になる。[*3]

マルクスと彼の政治を亡霊的に再登場させることとは、デリダにとって一つの選択である。それは不正に対して正義を、非倫理的なものに対して倫理的なものを、非政治的なものに対して政治を選択することだ。（過ぎ去った）自らの時に正義のために闘った他者たちの名において、またこれから正義を行う機会を与えられるべき（その時がこれからやって来る）他者たちの名において、政治に成功するチャンスを、現在の時、政治的行為の今において正義を行うチャンスを与えねばならない。

亡霊性——救済のために亡霊たちを呼び返すこと——は、政治のために時の流れに合流するのだ。亡霊性は、その行為の瞬間に、まだ生まれていない者たちにより良く奉仕するため、死者たちから「名前、ときの声、慣習」を借りてくるのだ。このように、デリダ自身のマルクス

＊1 Karl Marx, The Eighteenth Brumaire of Louis Bonaparte（New York: International Publishers, 1991）, p.1.5.

＊2 私は決して、デリダの仕事がポストモダニティーの化身であるとか、彼の仕事全体がポストモダンの問題にのみ還元できるとか言おうとしているのではない。しかしながらデリダによる——恐らく今日の理論的な論争に対する彼の最も独特なインプットであると言える——脱構築という実践の発見が、伝統的にポストモダニティーあるいはポストモダニズムという名で知られている思想、文化、生活実践の運動に大きな影響を与えた、更に言えば「形作った」ことは、一般的に認知された事実である。脱構築をポストモダンの化身としてではなく、その徴候の一つであると取れば、最近のデリダ．の仕事における政治、倫理、正義、公的責任の問題への転回は、これまで緩やかに象られてきたポストモダニズム系の文章の全体的編成に異なった＝差延的な契機を導入する（あるいは追求する）ものであると言えるかもしれない。それはまさにポストモダニティー、ポストモダン的ムード、そしてとりわけ脱構築に、（新奇な?）政治的スタンスと（再度の?）政治的賭けのチャンスを与える契機である。デリダの仕事における政治の回帰については、Cf. Mark Lilla; The Politics of Jacques Derrida, in:The New York Review of Books, Vol.45, No.11, June 25, pp.36-41. Richard Beardsworth, Derrida and the Political（New York: Routledge, 1996）

への従い方に従えば、政治的行為は、行為の現在の瞬間には決して生じない、ということになる。亡霊的な正義の二つの時間的＝非現在的（(a) temporal）に開かれた終端（end）を、言い換えれば、過去からの遺産と未来の予期を結び付けるには時間がかかる、というわけである。同一の運動の中で亡霊性は、特異な政治的行為を現れ（appear）させ、明白（apparent）にすると同時に、常に既に過去の夕映えであるもの（ある意味で、借りてきた生）として、そしてこれから来るべきものの予見（生の向こうの生、現在の生の向こう側、超・生、生き残り＝生の乗り越え（Survival））として物質化する。

だから正義――まさにこの正義のために政治と倫理はその名と存在根拠を与えられてきたのだ*4――には、現前＝現在性がない代わりに、時間の独占を通して空間を呼び出す亡霊的再出現があるのだ。正義が生じる＝場所を取る（take place）必要はなく、ただチャンスが与えられさえすればいいのだ。既に述べた点を繰り返して言えば、このチャンスとは、過去の精神たち、「過ぎ去った世代の伝統」を再び呼び出す政治的行為である。

私が以下やろうとしていることは、こうした形での時間を優位に置いた物質化（私は理論化に対置する意味で物質化という言い方をしている。

なぜならこれは政治的なものの理論化を目指すのではなく、むしろマルクスの精神において、政治的目的の未来への現前性のために過去の行動を「物質化する」、物質的リアリティーへともたらすことを求めることだからである）は、政治の空間、政治の偶然性の余地を抹消することになるのではないかと示唆し、それによって政治を亡霊性として特徴付けるデリダのやり方に疑問を呈することである。

別の言い方をすれば、生の偶然性、即ち、行為、活動、必ずしも計画されたわけでなく、意識的に継承されたわけでもない行動の特異な文脈性――と私が理解しているもの――の名において、デリダの、マルクスから借りてきた亡霊的な手法を問題にするつもりである。政治を、厳密に言えば、政治的なものの中に含まれる特異な行為をこのようにもう一つの形で物質化することは、いわゆるポストモダニズムとポストモダニティーの政治的アパシーを差異化しながら拡張していくことである、もしくは別の解決法である、と私は考えている。より良く前進するために後ろを向く（亡霊性の運動）代わりに、直接的に成就しうる経験としての正義を求めるわけである。

デリダが「生き生きした現在（現前）のそれ自体との非同時性」（これは不在性としての現前性、亡霊的なものの現前性、亡霊性としての政治を表すもう一つの比喩表現である）と呼んでいる

＊3　Jacques Derrida, Specters of Marx (New York:Routledge,1994),p.xix.

ものの代わりに、直接的に生きられた現在のそれ自体との、そしてそれ自体とのみの同時性の可能性が、日常的に認識され、実践されている「政治的生活」の中にあるのである。

このような現在が、過去の華々しい他者たちや未来の幻想化された他者たちに指し向けられてはならない。

私がこれから示そうとしているように、現在はやはり政治的なのである。しかし亡霊性抜きの政治の可能性の概略を描き出す前に、私はデリダの企てとしての亡霊的なものを正当に扱わ(give justice)ねばならない。というのは、ちょうどデリダが「幽霊たちと亡霊たち」について語ることなしに、即ちマルクスの幽霊に語りかけ、呼び返すことなしに彼にとっての正義を見出しえなかったのと同様に、私もまた、亡霊的なものの中に政治的なものを探求するデリダを呼び出すことなしに、政治について語りえないからだ。

従って、たとえ私が最終的には、政治、政治的なもの、そして政治的なものが依拠している正義を、亡霊的なものの外に見出だすことになるとしても、私はまず最初に、敬意を込めた認知、そして部分的な継承の行為として、デリダに回帰しなければならない。

政治的行為の非物質的現前性

ヨーロッパに亡霊が出る——共産主義という亡霊が

＊4

最近の著作『友情の政治』においてデリダは、政治の原理の彼方における友愛、友愛的・家族的秩序としての正義の可能性を模索している。彼が述べているように、「政治という概念は、何らかの形での国家の家族への付着、親子関係の図式と呼ばれるものなしに告知されることはめったにない。」cf. Jacques Derrida, Politics of Friendship（New York: Verso, 1997）, p. viii. この著作において正義——そして正しいものの認識としての政治の実践——に対するデリダの探求は、彼をして友愛化の彼方に、即ち単一の民主主義的秩序の中での兄弟姉妹の組織と連合を越えていく方向へと向かわせることになった。しかしそれによって彼が政治の彼方に行ったわけではない。むしろデリダは突如として、純粋な「友情」、つまり（国家による）政治的再所有化（reappropriation）を越えて生き延びる（survive）友情を発見したいという欲求に取り憑かれたように思える。加えて、友情、そして正義の非時間性を表明するようになった。政治的経験の彼方、最も現代的な民主制度を特徴付けている政治的友愛化の経験の彼方にある政治的純粋性、純粋な正義（「純粋性」は私のタームであって、デリダ自身のものではない）を求めるこうした意志には、当惑させられる。ある人たちが論じているように、これは脱構築内での新しい転回、つまり、「メシアとしての正義の到来に備える」ために「正義をめぐる合理主義的言説を打ち消し」にする方向への転回として読むことができる。cf.Mark Lilla, The Politics of Jacques Derrida, p.40. 新しいデリダは、これから来るべき——にもかかわらず、彼としてはそれが到来する前にそれを告知しようとしている——正義というメシア的約束によって駆り立てられているのだろうか？

マルクス&エンゲルス『共産党宣言』[*5]

マルクスがこの冒頭の言葉と共に『宣言』を書き出した時、彼の意図は集団的な心象の中に、物質化の途上にあった社会経済的、政治的リアリティーの不安／約束を染み込ませていくことだった。

十九世紀半ばのヨーロッパにおけるプロレタリアートの生存の物質的条件の下では、共産主義のリアリティーは恐らくまだ完全に現前していなかったことだろう。にもかかわらず、それは「リアル」であった。流動化が既に始まっていた。そして未来のもう一つのヴィジョン、歴史のもう一つのヴァージョンに向かって人類が歩むべきコース、共産主義者たちが描き出そうとしていたコースは、アクチュアルな挑戦、物質化されつつある革命であった。少なくとも、事態をそのように見ている人たち、それを挑戦、約束、形成過程にある歴史と見ることのできる人たちにとってはそうであった。

共産主義は亡霊的なもの、亡霊的存在、資本主義のマシーンに宿る幽霊、亡霊性としての政治活動の新形態になるべく定められていたのだ。マルクスとエンゲルスが『宣言』の第一版を生産していた時点では、共産主義の「リアリティー」、人間の社会的条件の中での共産主義の物質性というものはまだなかった。[*6] にもかかわらず、それは当時極めてありありと現前していたのだ。それはマルクスとエンゲルスがブルジョワ支配の最期と思っていたものの内でも既に、ずっと生き続けていたのである。共産主義は仮想＝事実性（virtuality）として生きており、「リアル」であった。

非物質的な現前性として、資本主義の搾取という優勢なリアリティーに対抗するチャンスを与えられた別のレベルでのリアリティーであった。その創設における亡霊的瞬間から、共産主義には優勢なリアリティーになる可能性、即ち共産主義運動を通して覇権的階級となるべきプロレタリアートにとって優勢な状態となる可能性が保証されていたのだ。

それは、まだ自立したリアリティー（生存の物質的条件）ではなかったが、必然的に浮上してくるはずのリアリティー（ヴァーチャル・リアリティー）として約束されていたのだ。

このリアリティーは全体として浮上してくる可能性もあったが、それよりも、当時優勢であった搾取構造と社会経済秩序の内部のあちこちで周期的に現れ、物質化する可能性の方が高かったと言えよう。そうした状況においてマルクスは共産主義を、イデオロギー的構造の現在に

＊5 Karl Marx and Friedrich Engels: The Communist Manifesto (New York Penguin, 1985) , p.78.

取り憑くことによって成功を収める幽霊、過去と未来の精神に仕立てたのである。このようにしてマルクスは、単に共産主義だけではなく、まさに（異なった様態での政治活動による）政治の可能性そのものを、つまり異なったレベルのリアリティー、物質化の異なった平面を与えたのである。

それは政治的介入の領域としての亡霊性であり、かつ（あるいは）亡霊的リアリティーである。今やそうした政治的介入が、時間の働きを無効にする形で実行可能になったのだ（実際のところ、亡霊的なもの、回帰する亡霊、幽霊／精神には、いかなる時間性もない。亡霊は時間を打ち負かすのだ）。

こうした政治の構造、政治的介入への亡霊的アプローチに、デリダが最近再発見したものである。彼はまたそれが、自らのそれまでのエクリチュール、脱構築的仕事、そして政治の問題についてのそれまでの沈黙状態の中に侵入する（恐らくは取り憑く）ことを許したのである。デリダにとっては、今こそがマルクス主義の定式を再・喚起し、加えて——マルクスに従えば——政治の非物質的現前を可能にしたかつての手段を再生産すべき時なのだ。[*7] もはや脱構築の祭壇において政治を犠牲にすることはできない。（正義の可能性を含む）政治とその賭は今や脱構築を越えた地点に立ち、脱構築不可能なものとして留まらねばならない。[*8]端的に言えば、政治と正義（政治としての正義）が亡霊化されねばならないのだ。時間の働きを解消し、それによって恐らくは脱構築の行為、脱構築の空間それ自体を否認することになるであろうデリダ独自のやり方とは、政治が時間の試練に耐えることを可能にする――マルクス主義の精神に由来する――二つの比喩的形象を呼び戻すというものである。

この二つの比喩的形象とは、召喚＝祈願＝謀反（conjuration）と、意外な出来事＝反・時間（contre-temps）である。デリダは以下のように書いている。

更に別の理由からみても、この召喚という比喩的形象を特権化すべきだろう。それらの理由は既に現われてきている。この形象の持つ二つの概念（「謀反（を起こす誓い）conjuration=Verschwörung」と「（誓いの呪文による）召喚 conjurement=Beschwörung」）の中に、もう一つの異なった本質的な意味が含まれていることを考慮に入れておかねばならない。それは、誓いを立て（jurer）、宣誓するという行為に含まれる意味である。それは同

＊6　そういうわけで宣言の最後で共産主義者たちに対して、ヨーロッパの諸国民の間での他の労働者運動と「人民戦線」を結成し、他の急進的な左翼グループと――たとえ彼らが共産主義の意図と活動を代理していないとしても――連帯しようという呼びかけがなされているのである。

時に約束し、決定し、責任を取ること、端的に言えば、実行する義務を自ら背負う行為でもある。その誓いは、多かれ少なかれ秘密に、ということはつまり裏を返せば、多かれ少なかれ公（開）的（publique）になされる。そうした誓いがなされる場とは、公的なものと私的なものの間の境界線が絶えず位置をずらし（se deplacer）続け、政治的なものの同定を可能にする限界線としてはこれ以上に不確実になりえないほどに不確実な状態に止まり続ける場であると言えよう。[*9]

召喚はデリダの新しい政治的定式だ。理論、テクスト性（そして最近ではマルクスのテクスト）と政治を最終的に結婚させようとする彼の試みにおける一番最近の戦略・実践なのである。実際のところ、召喚はそれを遂行する者たち、その痕跡と精神を追いかける者たちが、恒常的、かつ実行的に政治を「位置ずらし」し続けることを可能にするのだ。召喚は、凍りついた状態にある（例えばデリダが『亡霊たち』の中で攻撃している、社会経済・文化的なグローバリゼーションを通して生まれてきたネオリベラリズム的な世界秩序構造のような）政治構造と覇権的なイデオロギー秩序を動揺させる新しい方法として選択されたのである。

召喚はどのように作用するのだろうか。現代の政治の中に、時代錯誤性、古の戦い、古の召集の叫び声を持ち込むことによって「位置ずらし」することである、と言えよう。

ある種の革命的精神を呼び戻すのだ。この精神は支配的な語り、イデオロギーと妥協することを拒むものだという。妥協を拒むのは、未来の約束を提供するためだ。あるいは少なくとも、イデオロギーに固執せず、絶えざる再定義と再考（位置ずらし）に対して開かれている一つの未来を提供するためだ。召喚はさまざまな精神を物質化し、政治を亡霊化することによって現在を否定するのだ。

政治的戦略としての、もしくは形成過程にある約束としての召喚に依拠することで、デリダ

＊7　デリダは次のように書いている。「これらの戦争、そしてこれらの敵対関係の論理（デリダはここで最近のネオリベラリズムの諸言説において覇権的な位置を占めている、効率性と理想性、言いかえれば、いわゆる民主主義の理想と出来事を思考することの不可能性の間での矛盾／対立に言及している）を分析するには、マルクス派の伝統に由来する問題系がこれから長期にわたって不可欠になってくるだろう。長期にわたってである。永遠と言ってはならないだろうか?」Cf. Jacques Derrida: Specters of Marx, pp. 63-64; 括弧内の挿入は筆者。

＊8　これはデリダ自身が認めている点である。cf. Specters of Marx: p.59.

＊9　Derrida, Specters of Marx, pp.50-51.

はもう一つの「物質性」の名において——マルクスもやはりそれを試みたとされているが——現代の、コンテクスト化しているイデオロギー構造を拒絶しようとする。

ただしその物質性は、既に約束されているが、まだこれから到来すべきもの、正義の約束という「形式」を取る。端的に言えば、召喚はその実践者たちをもう一つの政治的論理、もう一つの歴史、デリダが最近(今一度マルクスの精神を呼び戻して)「ニュー・インターナショナル」[*10]と呼んでいるものに結び付けるのだ。

亡霊的な政治戦略としての召喚の方法は、更にもう一つの最近のデリダの発見である意外な出来事＝反・時間という概念によって補完される。反・時間とは、(非)時間的な運動、召喚がそうであるように、時間の試練に耐えうるものとしてデザインされた運動である。より重要なのは、私が反・時間の実践を、新しい論証的な比喩語法と読んでいることである。この比喩語法はつまるところ、デリダの作品において(あるいは、によって)以前にハイライトを浴びていた他の比喩・技法を凌駕しつつあるのである。

実際に、反・時間は決定不可能性から逃れようとする欲望によって定義されている。[*11]これは時間に抗する反動的な様態である。これと補足し合う関係にある召喚がそうであるように、「追い払うのではなく、分類、批判しながら身近に引き寄せ、かつ再来することを許してやらねばならない時ならぬ亡霊たち」[*12]の論理を帯びているのである。

反・時間は、デリダが断言しているように、「決定不可能なものの試練を通過して」正義に至る「有限性と決定の法則」を「亡霊たちの中から選び取る」ことである。[*13] 反・時間は、単なる時間的比喩を越えたものである。これはテクスト及びイデオロギー的実践両面にまたがる政治的スタンス、決定であり、もはや（時間と生のさまざまの偶然性の間で裁決を下すことを拒絶してきた）決定不可能性に、そして恐らくは脱構築の仕事にも満足することはないのである。時間の中に戻り、時間を通り抜け、時間の流れに反抗するという点で、意外な出来事＝反・時間はむしろ（「亡霊たちの中から」選ぶ）選択的解釈の結果であると言える。

ただしこの選択的解釈は、（たとえ何等かの特定されない批判的スタンスを保持しているとしても）過去の遺産に拘束されており、その遺産の中に現在のための――あるいはむしろデリダ自身が言うように「未来現在＝現前」のための――ある種の政治的ヴィジョンに有効性を与えるうえで必要と思えるものを見出だすのである。

時間を解くため、つまり時間のアポリアを解決するために、思考／エクリチュールの反・時間構造が召喚の約束に付け加えられているわけだが、それによって、決定不可能なものの空間、脱構築的作用、言わば、政治さえ、更には正義さえも――デリダ自身はもうそれを望んでいるとは思えないが――脱構築されてしまう可能性に終止符が打たれたのである。[*14]

このように召喚と反・時間は、マルクスの精神、ある種のマルクス主義の遺産と言うべきものを念頭におきながら、決定不可能性の彼方に亡霊的政治、正義の亡霊を位置付けることを企図しているのだ。

政治の場面を占領する状況vs亡霊性

暁の神秘の中から生まれて、彼らは、時鐘が十番目と十二番目を打つ間に、白日はどうしてこんなに純粋で、透明で、光輝き、楽しげな顔をしているのかといぶかる。彼らは午前の哲学を求める。

ニーチェ『人間的な、あまりに人間的な』[*15]

私はこの生命のなさが脅威であると感じ、気分が悪くなった。

ジューバル・ブラウン：意図的に有名な絵画の上に嘔吐した美術学生[*16]

デリダが突然マルクスとその亡霊たちを再発見したのは、予期していなかったことであり、当惑させられる。

デリダが約束する政治的精神は、彼の以前の仕事に対するアンチテーゼでないとしても（このような言明は、デリダのタームで考えれば、すぐにそれ自体を脱構築へと導くことになる。というのもデリダの膨大なエクリチュールは、一般的にテーゼ、公理の定式化、組織化、制約化を回避する方向を指し示しているからである）、少なくとも、脱構築についてのある種の

＊10 私は別の論文でデリダのニュー・インターナショナルという概念を批判的に分析している。cf. François Debrix; Specters of Postmodrmism: Derrida's Marx, the New International, and the Return of Situationism, in: Philosophy & Social Criticism, Vol.25（1999）. デリダが『亡霊たち』で露呈したこの新しい（ポストモダンの）政治実践を、マケリーは皮肉っぽく（ただし明るい調子で）「新しい精神＝霊の科学」と呼んでいる。cf. Pierre Macherey; Remarx: Derria's Marx, in: Rethinking Marxism, Vol.8, No.4（1995）, p.21.

＊11 ディーナ＆マイケル・ウィンスティンがデリダの「最近の政治の再発見に先行する）初期の仕事を、脱構築の技術としてよりも、むしろ（デリダの）脱構築的実践によって「産出」されるものとして性格付けていることに私は同意する。脱構築が「産出する」ものは決定不可能性（undecidability）である、あるいは別のタームを使えば、不確定（indetermination）である。決定不可能性は、「エクリチュールにおける意味の完結は達成されえない」ことを意味する。cf.Deena Weinstein & A. Weinstein; Postmodern（izedy Simmel New York: Routledge, 1993）, p. viii.（それ自体が脱構築的作用の「産物」である）決定不可能性

理解と対立するものである。

私の考えでは、最近のデリダにおける、亡霊的な目的のための召喚と反・時間の共謀（co-conspiracy）は、テクスト性及び（あるいは）その実践を「思考の失われた故郷」として賞揚していたかつての態度とそう簡単には調和しない。

デリダの政治評価において、かつての脱構築と決定不可能なものへのアプローチの仕方と、最近になってからの脱構築不可能なものの肯定と正義の探求の間には、明白な「差延」（私はこれを対立と呼ぶことを躊躇する）があるのは確かである。

「脱構築的な」デリダが、まだ排除されていない可能性の無限の連なりの中に自ずと生じてくる（非）政治的活動の空間をそのままオープンにしておいたのに対し、「亡霊的な」デリダは時間性を征服し、政治の時間とその発生を「憑依論化 hauntologize」することを通して政治空間を接収する。

亡霊性は脱構築の政治的な賭けを描き出すための一つの道筋を――大抵は、脱構築が過去から相続した財産を認識するという形ではなく、デリダ自身がそうするように脱構築を異なるテクスト、批判、精神に向け直すという形で――示しているかもしれない。

しかし私の考えでは、政治的な現在のオルタナティブな物質化としての、今日見られる様々のシチュアシオニスト（状況主義）的なスタンスこそが、脱構築の異なった「遺産」、かつてのデリダの脱構築的仕事の差延を提示している。

新たなるシチュアシオニスト的な（精神と呼ばないとすれば）雰囲気が、今日の生きられている政治、イデオロギー、文化の中に現前しているのである。

例えば「生命がない」というだけのことで名作の絵画の色彩豊かな絵の具の上に突発的に唾

から生じる帰結は、ロゴス中心的な安定性と存在論的な確実さの喪失である。しかしこの喪失は、「ノスタルジー」抜きに、即ち後ろを振り向かずに生じてくる。この喪失は、意味、同一性、哲学をその重荷から解放する喜ばしき営みである。デリダがかつて述べたように、「たとえ存在そのものに与えられるべき名前だとしても、唯一の名前というものはありえない……そして私たちはこのことをノスタルジー抜きに考えねばならない、つまり、思考にとっての失われた故郷としての純粋に母性的、あるいは父性的言語の外側で考えねばならないのである。」Cf. Jacques Derrida: Différance, in: Speech Phenomena, and Other Essays on Husserl's Theory of Signs, ed. David B.Allison (Evanston, IL: Northwestern University Press, 1973), p. 160. この角度から見る時、最近のデリダの亡霊的政治の「後ろ向き」の転回、亡霊を求める彼の「レトロ」の運動は、脱構築と決定不可能性双方への神秘的な立ち返り――それは恐らく両者を帳消しにすることになる――であると言えよう。

＊12 Derrida, Specters of Mark, p.87.

＊13 Ibid., p.87.

を吐きかけた美術の学生に見られるような、この（ネオ？）シチュアシオニスト的雰囲気は、過去の幽霊たちに拘束されてはいない。

この雰囲気は、生きている現在に生命を与えるために「生命のなさ」を獲得しようとはしない（その逆に、「生命のなさ」、つまり過去から取り憑いてくる形象、イメージ、戦いを除去しようとする）。むしろニーチェ的な意味において、そして政治的介入のもう一つの「精神」において、この雰囲気は自らが生起してくる瞬間を捉え、その瞬間が提供するものを最大限に生きる。

そして来るべき未来のために呼び戻さねばならないはずの過去の遺産についてはいかなる既成観念も持たず、それどころか意識することさえないままに、イデオロギーが押し付けてくるものを再所有化するか、それとも攪乱するかを自ら選択するのである。

シチュアシオニスト的な視点（ただし現段階では五〇年代、六〇年代におけるシチュアシオニスト的な方向転換（détournement）の遺産でさえも曖昧、不確実、不正確に思える。ただそれはここでは重要ではない）[*17]から見れば、こうした非精神的、非亡霊的な形でのイデオロギー、覇権的社会政治構造、及び搾取的な経済状況との格闘は「愉しい」。[*18]

この戦いは、イデオロギーの空間、即ち、支配的な言説と政治実践が生じる＝自らの場を得る（take (their) place）文脈を認識する、（そして、革命的活動の別の側面としての「亡霊的」

平面を再度呼び出して、政治的介入の異なった「物質的」リアリティーを提示する代わりに）この文脈を利用し、この文脈と戯れ、逸脱させるのである。

端的に言えば、（とうてい革命的ではありえない）支配的なイデオロギーの中に予め書き込まれている破壊的政治行為とは異なるこうした政治活動の雰囲気は、空間を奪い取る、つまり日常生活のさまざまの制度の中で自己を肯定しているイデオロギーの空間を奪い取るのである。

（上述したような）シチュアシオニスト的な諸「状況（シチュアシオン）」は、イデオロギー

＊14 この運動それ自体が、バーヅワースによれば、かってデリダの最もユニークな政治への介入の仕方であったとされる「判断の不可能性」に矛盾している。バーヅワースに言わせれば、デリダの脱構築は、判断を選択と可能性の無限の連鎖（バーゾワースはこれを「法のアポリア」と呼ぶ）として放置し、それによって一つの空間、特異な出来事や行動の不確定の（そして決定不可能な）連続体としての政治空間を創出したのである。そういうわけで、「政治の不可能性」こそがデリダの卓越した（真なる?-）政治への関わりであったわけである。cf.Richard Beardsworth; Derrida and the Political, pp.39-45

＊15 Friedrich Nietzsche: Human, All Too Human, trans. Marion Faber（Lincoln, NE:University of Nebraska Press, 1984）, p.267

＊16 Reported by Elizabeth Renzetti, Toronto Globe and Mail, November 30,1996,

的生産の特殊な（時間的）文脈を認識しており、時間――現在という時間も含む――とイデオロギー的契機を超越する政治的綱領を提示することは望まない。

イデオロギーの空間、つまり通常覇権者によって占領されている場に自己を「位置＝状況づける situate」こと（選択と決定のもう一つのモード）を選択するだけである。

こうしたシチュアシオニスト的状況は、政治の空間と支配的な位置関係（positioning）を動揺させ、それによって（たとえ時間の（中の）移ろいゆく瞬間の間だけのことだとしても）システムを崩壊させることを選択するのだ。

この崩壊は、他の何にもよらず自ら生起する。つまり、ただもうあからさまにシステム批判を実行したいという――政治空間の中に生じてくる――突発的な欲求によって「物質化」されるのである。[*19]

こうした政治的活動の（ネオ？）シチュアシオニスト的モードは、デリダが最近の仕事において提唱している亡霊的戦略とは異なる。

亡霊性が死者を呼び戻すのに対して、シチュアシオニストの実践は生者のための空間を開く。亡霊性は良き（古き）政治的慣習に「生命のなさ」を付加したうえで、それを正義の探求のために用いようとする。

シチュアシオニストの政治は、「生命のなさ」はイデオロギー的実践、イデオロギーの作用と余りにも密に結びついていると見なしており、これを崩壊させようとする。状況の政治は、時間を勝ち取り、時間を救い、生き延びることを求めない。そういうことに頓着しないのだ！　時間はシチュアシオニスト的行動のファクターではない点……いや、むしろ、まさにファクターなのだ、と言った方がいいかもしれない、というのは（辞書的定義に従

＊17　ギー・ドゥボール、アスガー・ヨルン、ラウル・ヴァネーゲム、その他の仕事を通して出現したような）五〇年代と六〇年代のシチュアシオニストの遺産は、今日においても認められる。最近になって公刊された著述のいくつかがそうした五〇年代、六〇年代のシチュアシオニスムの再現に貢献している。例えば昨年フランスで、『アンテルナシオナル・シチュアシオニスト』の評論のアンソロジーが、他のテクストと共に刊行されている。cf.: Internationale Situanioniste, Édition Augmentée (Paris:Authème Fayard, 1997)．最近、米国のＭＩＴ出版局がラウル・ヴァネーゲムの The Movement of the Free Spirit (Cambridge. MA:MIT Press, 1998) を刊行している。更には雑誌 Anarchy: A Journal of Desire Armed が現在、かつてのシチュアシオニストの仕事、特にドゥボールのテクストを陳列している。しかし、今日における（恐らくはアンテルナシオナル・シチュアシオニストの仕事を認識したうえのことであると思われる）シチュアシオニスト的な行為は、過去の伝統を自らのものとして要求するものではなく、またノスタルジーとか過去の業績を再生産しようとする意図をもって、過去の精神を見つめているわけでもない、と私は考えている。

えば）ファクターとは「結果に貢献するもの」であるが、結果それ自体に取って代わることはないからである。

シチュアシオニストにとっては、空間、つまり政治の場、とりわけ論争と活動の場がより重要である。時間のために、時間のもう一つの物質化という名の下に、政治の空間、政治的行為の偶然性を否定しようとするあらゆる構造、もしくは思考（あるいは構造の思考）は疑わしく、かつ有害である。彼らに言わせれば、そのような構造は、イデオロギー、及びイデオロギー的実践・言説と同列扱いされても仕方がないのだ。

なぜなら（政治的）生活・実践としての「午前の哲学」[*20]を生きるには、亡霊的エクリチュール、言い換えれば、亡霊たちのエクリチュール、亡霊としてのエクリチュール、取り憑かれているエクリチュールを通り越していかねばならないからだ。

訳者付記：フランソワ・デブリクス（一九六八〜）はフランスのノルマンディー地方に生まれ、九一年から米国で、冷戦構造崩壊後のポストモダン状況における国際政治に関する研究・教育活動に従事している。九八年八月からフロリダ国際大学の専任講師（国際関係論）に就任している（二〇一九年現在、ヴァージニア工科大学人文学部教授）。"Postmodern Culture" "C-Themy," "Alternatives" "Peace Review and Millenium" などの雑誌を中心に、ポストモダニズムと政治・文化について活発に執筆・評論活動を続けている。本稿は、“Philosophyand Social Criticism”に掲載された論文（注10参照）をベースに、『情況』誌の特集のために特別に書き下ろしてもらったものである。なお、本文中のデリダからの引用部分を訳するに際しては、便宜上フランス語の原文も適宜参照した。

François Debrix; spectrality as Derrida and the Resurrection of Marx.

＊18　この意味でこの戦いは――皮肉な言い方をすれば――かつてのデリダの脱構築的精神、より正確に言えば、脱構築的雰囲気を呼び戻すことになるかもしれない。この雰囲気はノスタルジー抜きに展開することが可能であったし、またそれ自体として肯定されていた（これはニーチェが肯定を演劇に、ある種の笑いとダンスのステップへと転化したのと同様の意味での肯定である)。cf.Derrida, Différance, p.160.

＊19　私はこのようなモードの政治的「侵入」が多くの異なった文脈と状況で生じるのを見てきた。シカゴとニューヨークで個人的に目撃した劇場のパフォーマンスでは、役者の集団が（むしろ平凡で、普通に見える仕方で）役を演じ、台本に従っている内に、全体の物語と舞台表現が暴走し、突発的で、予期していなかった、そしてしばしば攪乱させる騒音、色彩、液体、痙攣が噴出するようになった(例えば、アングラ劇Cannibal Cheerleaders on Crackを参照)。私は写真とビジュアルなディスプレイの形で、ボスニアの地下ポップアート・グループ「トリオ」の作品を目撃した。このグループは一九九三～九四年のサラエボ包囲の間、西側の消費産業が生み出した通常のポップ・カルチャーのポスターと縫いぐるみを利用していた。皮肉を込めて、それらの絵

に恣意的に「サラエボ」マークを付け足して修正したのである。こうして、「Enjoy Coca Cola（コカコーラを楽しもう）！」という有名な赤と白のロゴが磨耗され、今や「Enjoy Sarajevo（サラエボを楽しもう）！」と読めるようになり、底に一九九四年という年数が貼り付けられた。このような政治文化的な逸脱と切断の各々の中には常に偶然的空間、言い換えれば、状況を可能にする偶然性についての誇張された感覚が認められる。意味がある（そして物質化されている）唯一の時間とは、シチュアシオニスト的な行動の愉しい瞬間である。亡霊的な政治とは違って、シチュアシオニスト的な活動が最も切望するのは空間である。

*20

ニーチェの「午前の哲学」が政治的実践として理解せねばならない、と主張するつもりは毛頭ない。むしろこれは――最近のシチュアシオニストの行動が示しているように――「政治的」になりうる（政治の中での（と共にある）生の実践）生活・実践（life-practice）である、と言いたい。

記号の存在と存在の記号

ヨッヘン・ヘーリッシュ

彼らは自らの根源に魂を与えた罪を運び去る、
彼らはそれを言葉へと返すのだ、
夏のように不当に持続する言葉へと。
一つの言葉——知っているだろう
死骸。

パウル・ツェラン：毎夜束ねられて

いかに読むべきか

不可解なものをいかに読むかが問題になるのは、何も「評判の悪いテクスト」[*1]に直面した場合に限ったことではない。というのも、「読む Lesen」という実践は、ジャンル史的に見て後の発明であり、むしろ「読書＝読解 Lektüre」という概念とより強固に結び付いている書字（エクリチュール）テクスト[*2]よりも古いからである。

テクストを読解することは、「より古くからの読み、全ての言語に先行する内臓、星、舞踏からの読み」[3]を壊死させることを意味する。現象学が明らかにしたように「著者及び読者双方の全ての意識経験を超越する」[4]テクストを読解する営みは、ノエシス（意識作用）的に根拠付けられた同一性としてのエクリチュールを前提に成立する。主体は自己自身と同一であろうとする限り、このエクリチュールに従属しなければならない、つまり読み書きを学ぶ必要があるのだ。

ベンヤミンの解釈によれば、「ミメーシス（模倣的）能力」は「一度も書かれたことのないもの」を読むことを心得ているものの、その呪術的・マナ的契機は文字と言語によって抑圧される、いや「抹消」されることになるわけだが、そうした彼の解釈はホフマンスタールの叙情的戯曲『痴人と死』の最後の場面の、死が「ヴァイオリンを弾きながら」、死者たちが沈黙しながら人生の舞台から去っていくところを暗示していると見ることができる。

死：この生き物たちは何と不可思議なことか、
　解釈できないものをそれでも解釈し、

＊1　Th. Adorno: Skoteinos oder Wie zu lesen sei（Drei Studien zu Hegel）; in:GS 5.Frankfurt a.M. 1971, p.326.

書かれたことのないものを、読み
混乱したものをまとめあげて結び付け、
そして永遠の闇への道さえも見出だすのだから。[*5]

ホフマンスタールによる非時代的なバロックの死のアレゴリー（寓意）の復権は、テクストと読書の間の解釈学的相関関係——と一般的に呼ばれているもの——をアルケオロジー（考古学）的に掘り下げていくこと、つまり全ての著者性に先行する読むという営みの深層を発掘することに繋がる。

この事情を理解することによって初めて、彼のテクストの並み外れた賢さと際立った美しさを救い取るような批評が可能になるのだ。

このテクストは否定形において、大量の書かれたもの、「死んだ文字」が、図書館や記録文書館に保存される物質的な意味の層へと凝固することに注意を向ける。この意味の層は、いついかなる場でも自らの意のままに流れゆき、語り出す霊（Geist）によって、いつでも再生されるという性質をもっているのだ。

死んだ文字でありながら読解へと呼びかけ、自らの——そして自らの創造者＝著者（Autor）の——新たな生き生きした現前を呪文で召喚するのである。西洋的思考は概してそういう精神の現前＝沈着な姿勢（Geistesgegenwart）を自らの真の媒体と理解してきた。

　これに対して、ベンヤミンの思考にきっかけを与えたホフマンスタールの小劇[*6]では、現前化した代理人（präsenter Repräsentant）としての死を表す不在が、「読むこと」と「解釈すること deuten」、更に言えば有意味性（Bedeutsamkeit）一般の可能性の条件であることが露呈される。解明不可能なものがあることによって解明が成立するのと同様に、一度も書かれたことのないものがあるおかげで読解が可能になるのである。

　デリダの一貫したテーマであるこうした不在と意味（Bedeutung）の奇妙な相補性は、書字によるパロール（語り言葉）の記録文書化が可能であると思われ、エクリチュールがパロールの下女になって以来、隠蔽されてきたのである。パロールに奉仕するようになって以来、エク

---

*2　Cf. J. Février: Histoire de l'écriture, Paris 1949-59, und R.Schott: Das Geschichtsbewußtsein schriftloser Völker; in: Archiv für Begriffsgeschichte Ⅻ/1968, pp.161-201

*3　W. Benjamin: Über das mimetische Vermögen; in: GS Ⅱ, 1. Frankfurt a.M.1977, p.213

*4　R.Ingarden:Vom Erkennen des literarischen Kunstwerks, Tübingen 1968, p.12.

*5　In: Gedichte und Kleine Dramen, Frankfurt a.M. 1973, p.93.

リチュールは――極めて逆説的なことではあるが――移ろい行くパロールの現前を無限に固定化し、伝承する派生物と見なされてきたし、今でもそうも見なされている。

エクリチュールは、書かれることを頑強に拒絶した神々と賢者たちの次第に消えゆきつつある言葉を書き留める役割を果たしてきたが、それ自体はパロールの下女にすぎず、二次的なものであると思われていた――ソクラテスとキリストはもっぱら語った。書くことに対する修道士たちの熱心な姿勢[*7]のおかげで中世におけるテクストの伝承が可能になったわけだが、そうした彼らの姿勢からエクリチュールの死んだ文字を低く評価し、パロールの生きた精神＝霊を高く評価するというトポス（文芸的な慣用表現）が生まれてきた[*8]、更に言えば口語的言い回しにさえなったのである。

ゲーテが『詩と真実』の中で、「人間は本来、現在＝現前（Gegenwart）において働くものとして召命されている。書くことは言語の濫用であり、静かに黙読することは語り（パロール）の悲しい代用物だ。[*9]」と述べているのは、彼もまた「文字は殺すが、霊は生かす」[*10]というパウロの言葉の吸引力に屈していることを示している。

ゲーテのパロールの「悲しい代用物」ではなく、救い出された現前であるという暗示のおかげで、『エッカーマンとの対話』は長い間人気を保っているのである。ゲーテのエクリチュールでこの『対話』ほどつまらないものはなかろうが、にもかかわらず、現前するパロールでなければ不可能な仕方で、公教的＝通俗的（exoterisch）、かつ感性的に確実であり、沈着な姿勢を見せている（＝精神的に現前している）。それに対して、まさにゲーテの最良の書物である『親和力』は、全面的に書字と死んだ文字の謎に満ちた徴＝記号（Zeichen）の下に成り立っているのである。

パロールと現前（＝現在）を並列する伝統に対するゲーテの譲歩が、自伝的な形で表明されているのは理由のないことではなく、一般的に自伝の手本とされているアウグスティヌスの『告白』からも、このことの深層構造的真理性を窺い知ることができる。というのもこの聖なる書物に改心した男は、エクリチュールだけではなく、パロール、つまりは（人間の）言語一般についてさえも、現前性のメディアもしくは普遍的に現前するメディアとしての可能性を否認したのである。

アウグスティヌスは、「幼児 infans」、つまり言語を持つ以前の子供[*11]だけが、象徴的秩序の中

＊6　Cf. W. Benjamins Briefe an Hofmannstahl vom 13.1.1924 und vam 11.6.1925; in:Briefe, edd.G.Scholem und Th. W.Adorno, Bd.1., Frankfurt a.M. 1966

＊7　Cf. M.Bodmer et al.: Die Textüberlieferung der antiken Literatur und der Bibel. Zürich 1961.

へと導入され、押し込まれた後では単なる現前の幻影になってしまうものに接近することができる——ただし子供はそのことを後発的にしか知ることができない——と考えた。

「私は幼児期から次第に少年期に向かって生きて来たのだろうか、それともむしろ少年期が幼児期の後に続いて私の中に入って来たのだろうか。

でも幼児期は消え去ってはいない、だとすると、どこに行ったのだろう。でも、幼児期はもうなかった。なぜなら私はもはやまだ話せない幼児ではなく、もう語る少年になっていたのだから。(Non enim eram infans, qui non farer, sed iam puer loquens eram.) そしてこのことを私はまだ知っている、そして自分がどこから話すことを学んだか、私は後になってから知ったのだ。[*12]」

まだ話すことができない幼児は、語ることを心得た少年となる。子供が少年期に入り込んだのだろうか、そうではない。少年期が幼児の中に入り込んだのだ——そうした自らのアイデンティティーの位置の変位についてアウグスティヌスはそのように瞑想し、かつ信じたのである。更に言えば、言語を持たない幼児期の現前性は、想起させるパロール(実際にはエクリチュール)の始動する瞬間に、抑圧され、克服されたものとして生じるわけであるから、アウグスティヌスは自己自身に対して現前する語りを、事後的な代替物と規定した。そして代替物の代替物であるエクリチュールが、この代替物の位置に入り込むのだ。なぜなら、自己現前と意義(Sinn)

は神のもとにのみあるからだ。

にもかかわらず、アウグスティヌスは書くことを通して、いかに自分が神に語りかけ、神の語るのを聞き、また神から聞きとどけられたか証言しているわけだから、彼は「あなたに呼びかけたのと、あなたを賛美したのではいずれの方が早かったか、あなたを知ったのと、あなたに呼びかけたのではいずれが早かったか」[*13]を未決定のままにしておいたことになる。

したがって彼の改心＝方向転換（Konversion）は、彼のもとに届いたケリュグマ（福音）の帰結というよりもむしろ現前性とパロール、もしくは言葉の内容＝意味と言葉の間の関係の転倒の結果であると言えよう。この転倒によって初めてこうした神の呼びかけが可能になるの

＊8 Cf. G. Ebeling: Geist und Buchstabe, in RGG, Tübingen 1958（3.）, Sp. 1290 sqq, und H. Nüsse: Die Sprachtheorie F. Schlegels, Heidelberg 1962.

＊9 Berliner Ausgabe Bd.13.Berlin 1976, p.481

＊10 2. Korinther 3, v. 7（Luthers Übersetzung）.

＊11 ラカンも infans に対して同様の関心を示している。cf.Le stade du miroir,in: Ecrits, Paris 1966, pp.93-100, insbesondere p.93; cf. auch ibid.pp.428,552 u.ö.

だ。パロールが現前に先行し、そして言葉は意味に先行するのだ。[*14] まさにこのことのためにアウグスティヌスは両者の境界線に注意を向けているのだ。（神学的、道徳的、心理学的な）意味の名において、彼は音声の器としての言葉をその内容から分離しなければならなかったのである。

彼をそうせざるを得ないように仕向けたのは、（やはり後発的なまなざしを通してそういうことになったわけではあるが）不在であり、そのため文字によって書き留められたものがいかに読みがたいか、という経験である。

キリスト者になったこの書き手は、書くことにおいて罪連関を継続することを避けるために自らのエクリチュールを祈りとして構想した、つまり神に語りかけるふりをしたわけであるが、彼にとって、ギリシア的なテクスト伝承から生まれる神話的なエロティシズムほどとんでもないものはなかった。このエロティシズムを飼い慣らしてしまうために彼は寓意的解釈（Allegorese）[*15]を発明したのである。つまりアウグスティヌスは学校で、言葉と快楽の交差をまさに身をもって経験したのであり、それは後になって、彼にとって聖なる書物の地位さえをも脅かすものと思えてきたのである。「実際私たちは、『黄金の驟雨』、『女陰』、『篭絡』、『天の広間』、その他の言葉をテレンティウスによらなければ全く学べないのだろうか。この詩人の作品には、『かつてジュピターがダナエーの女陰に黄金の雨を降り注ぎ、この女を蠱惑する様子を伝説に従って描いた壁画』を観察し、ジュピターを自分の浮行のモデルにする淫らな若者が登場する。そして彼があたかも天の教えであるかのように、自分の快楽を駆り立てる様子に耳を傾けてほしい。『そして自らの雷鳴で天の広間を震憾させるとは何という神であろうか！　それで弱い地上の子である俺、俺があれをしてはいけないのか。そう、俺はあれをやったよ、しかも楽しくやってのけた。』と彼は言う。とんでもない、重ね重ねとんでもないことだ！　こういう恥ずべき行為に接した時ほどああいう言葉を簡単に覚えられる機会はない、しかしこういう言葉に接することで、人は恥ずべき行為をやってのけるようになるのだ。私は言葉そのものを責めはしない、選ばれた、大切な器なのだから。酔っ払った教師どもが、言葉の中に仕込んで私た

＊12　Ed. und übers.J.Bernhart. München 1966, p.30-31.

＊13　Ibid., p.12-13.

＊14　この論文は一九七九年に『声と現象』ドイツ語版の序文として刊行されたが、その後自伝をめぐるデリダのアウグスティヌスへの関係を示す以下のエクリチュールが出されている。Cf. Circonfession; in:J.Derrida par G.Bennington et J. Derrida, Paris 1991.

ちに差し出し、めまいをおこさせるあの葡萄酒を責めているのだ。私たちはそれを飲まないと鞭で打たれ、しかも分別のある裁判官に訴えることは許されなかった。」[*16]

叡知的な言葉を守ること、更に言えば、そういう言葉が、あらゆる一義的な意味体系を混乱に陥れる危険を秘めた変化しやすい快楽によって消失させられるのを防ぐこと、それこそがあらゆる文法、及びあらゆる規則に従った読解のテロス（目的）である。両者は互いを必要とし合っている。

いかに読むか統制しない文法はないし、自らが扱うテクストの生産文法にミメーシス（模倣）的に関わることで、ある一つの意義を改めて現前させ語らしめるという欲求に直面しない読解はない。アウグスティヌスにまで遡る四重の書字的意義をめぐる教説[*17]によってシニフィアンが多元化されているのは、ひとえに記号がアナーキーに陥ることを避け、シニフィエ——とされているもの——の同一性に結び付けるためなのである。よく引き合いに出され、修辞学者アウグスティヌスにも御馴染みの例で言えば、正しい読解をすれば、「エルサレム」[*18]という言葉の字義的、寓意的、道徳的、アナゴギー（象徴）的意義の背後に、神という超越論的シニフィエの同一性を垣間見るということになる。アウグスティヌスにとって、寓意的に読まれ、書かれた記号はいまだ来らざる神の現前を代補する書字・読解的形象となったわけであるから、彼にとってこれらの記号は同時に、もはや回復しえない現前の不在性を示す媒体ではなく、むしろ現前の代理使節（Delegat）になったのである。

従って一般的にエクリチュールは、語られた言葉の壊死態であり、ほとんどの場合、言語の基本型は現前した状態（現在形）で発せられるパロールであると考えられている――言語の二次現象と見なされてきた。聖書でさえ中間時代の間だけ正当であるにすぎないと見なされてきた。[*19] 始まりには現前する神の言葉のみがあった、そして終りには神の言葉と霊のみが永久に現前し続けるのである。

ここで発想を転換して、エクリチュールの死んだ実定性こそが、現前性を暗示するパロールの真理だと考えるのは、西洋的エピステーメ（知）に対する紛れようもない異端の徴候ということになるだろう。極端な概念実在論、もしくは神の名についてのカバラの諸理論[*20]がパロールではなくエクリチュールの神聖さのうえに成り立っているとすれば、これらの理論が同時に、神的な文字列ｊＨＷＨの示差的遅延構造、取り戻しようのない遅れを含む後発性と不完全性を

***15** Cf. H.Anton: Mythologische Erotik in Kellers "Sieben Legenden" und im "Sinngedicht", Stuttgart 1970（Einleitung: Deutung und allegorische Interpretation）, und H.G.Gadamer: Wahrheit und Methode, Tübingen 1965,p.68 sqq.

***16** Confessiones, l.c., p.52-53.

前提に成立しているのではないかとの疑いが生じてくる。

その場合、エクリチュールは神聖なもの（聖霊）の地上における不完全な表現形態ではなく、自ら神聖であることになる。ＪＨＷＨという四子音文字をどう読むかは、カバラ的なタルムード学者の順列・結合術における中心的な課題である。彼らは神性な名前における母音の欠如を代補することを試み、その欠如を名指されているものそれ自体に転嫁することに目をつぶってきたのだ。神自体が欠如しているわけである。このような形で彼らは、正統ユダヤ教が救済の約束と時間的に関係付けていた神的な差異を、言わば空間化したのである。

カバラ的なテクスト理論のアトピー（非場所）的な原理は、充溢した時というユートピア（＝どこにもない場所）的約束と相補的関係にある。そしてエクリチュールのアトピー性は、パロールのユートピア性の構造的真理として現れてくるのである。

後者が「自らが話すのを聞く Sich-Sprechen-Hören」（一三五）[*21]という神秘的合一の成就を暗示するとすれば、前者はあらゆる銘文＝書き込み（Inschrift）と読解に内在し、同時性と同一性の全ての形式を体系的に不可能にする差異へと自己を脱・現前化（de-präsentieren）するのである。

ハイデガーは「レゲイン（légein）という言葉の原義である置くこと（legen）」が、「言う（Sagen）と語る（reden）という意味」にシフトする意味の変化[*22]が何を含意しているか想起させる。この意味の変化と共に、基体（sub-jectum: 基底に置かれているもの）という言葉を、自立主権的形（Autarkiefigur）として自己を表明し、同時にそのように振る舞う主体（Subjekt）という意味で読むことを可能にしたあのずれが生じてきたのである。基底に置かれているものから支配するものが生じ、主によって規定されたもの＝運命付けられたもの（das Bestimmte）から、主の声（Stimme）が生じてきたのである。

パロールと現前性を賞賛するソクラテス的伝統の中に身を置くヘーゲルは、「声は思考に最も近いものである」と書くことができた。

「なぜならここで純粋な主体性は、特定の現実、一つの状態あるいは感受としてではなく、

---

*17 Cf. Augustin: De doctrina christiana, in: Opera 4/1, ed. J.Martin, Turnholt 1962, und A. Gounelle: Note sur les quatre sens de l'écriture, in: Etudes théologiques et religieuses 1/1973, p.7 sqq.

*18 この例では字義的意義は歴史的都市を、寓意的意味は教会を、道徳的意味はキリスト者の魂を、アナゴギー的意味は救済された神の都市、新しいエルサレムを指す。

*19 デリダが様々の著作で詳細に示しているように、ソシュールの言語理論さえ音声中心的に固定化されていた。Cf. F.Saussure: Grundlagen der allgemeinen Sprachwissenschaft, Berlin 1967, Einleitung, Kapitel VI.

空間と時間という抽象的な要素において対象的になるからである。」[*23] 鳴り響く声を「特定の」主体性としてではなく、抽象的な構造として「対象的」・現象的になった主体性として概念的に把握したことによって、ヘーゲルは「最も尊敬された者たちであれば、後世においてソフィストであったと評判されることを恐れて、語り（パロール）を書き留め、自らの書いたもの（エクリチュール）を残すことを恥じた」[*24] という伝統の輝かしい最終地点に立つことになった。

明証的な現前性を否定するソフィストたちは、エクリチュールの深淵に逃げ場を求めた。これに対してソクラテスによるソフィストたちと秘教的な知恵の克服は、声と現象の相関性の名においてなされた。

同様に、現前性・音声・ロゴス・主体中心主義の間の親和性もまた、これらの中心主義が——ニーチェ、フッサール、フロイトを経てようやく解読可能となり、科学的再構築を試みることができるようになった——ある誤解に依拠していることを暗示している。

主体と意義の非常軌性＝脱中心性（Exzentrik）に対する彼らの洞察は、特殊なメディアとしてのエクリチュールの復権と結び付いている。

フロイトの『神秘的な用箋に関する覚書』[*25]、『デカルト的省察』と『危機』論文でフッサールが試みた反省哲学のカノンとなってきたエクリチュールの再・読解、私がこんなに賢いのは「全ての読みが私の気晴らしになる、従って、私を自己自身から解き放つものになる」[*26] からであるという『この人を見よ』におけるニーチェの宣言。これらは皆（キルケゴールによって的確に表現されているように）「死んだ文字は、しばしば生きた言葉よりも遙かに大きな影響を行使する」[*27]という共通の経験に基づくものである。デリダの脱構築的な読解はこの伝統に負うている。またそうした彼の読解と、フッサール、フロイト、ニーチェが進めた研究は、（例えばデカルト、神経病患者、モラリスト作家、ワーグナーのようなディオニュソス的総合芸術家の）再構築されたテクストの孕む危機とテクスト自身の意に反して生じた意味の空き地に対する関心を共有している。

再構築（Rekonstruktion）と脱構築（Dekonstruktion）はたった一つの音素で隔てられているにすぎない。脱構築とは読解の方法であるというよりも、まず第一にテクストと言説それ自体に即した運動なのだ。

この運動は、同様にこの問題に態度未定のまま関心を持ち続けている再構築に対して、表出

＊20 Cf. G.Scholem: Zur Kabbala und ihrer Symbolik, Frankfurt a.M. 1973 ,p.62 sqq.
＊21 括弧中の漢数字は『声と現象』ドイツ語版の頁数を示す。
＊22 M. Heidegger: Logos, in:Vorträge und Aufsätze Ⅲ , Pfullingen 1967, p.5.

されたものは（例えば聖書、神の言葉、自意識を持つ主体、反事実的に予期される非支配的なコミュニケーション等の内に）確固とした根拠を持ちえないことをはっきり示すのである。

「従って構造化された意識が、同時に破壊し、解体する意識であること、つまり——あらゆる意識が少なくともその退廃的瞬間、即ち意識のあらゆる運動に固有な時期においてそうであるように——脱構造的な性質を持つ破局的意識であることは決して逆説ではないのである。」[*28]

読み取られる意義の現前性と有意義な現前性をめぐるイマジネーションに対抗して、デリダはエクリチュールの空間化運動を「主体の不在・無意識化運動」[*29]と解釈する。

即ちエクリチュールの読解においては、主体の劣等性＝基底性（Unterlegenheit）と事後性——主体は自己が語るのを聞くことを通して、この状態から自己を解放することができ、それによって自らの不在による破局を幻影で補完できると思い込んでいる——が強制的かつ無限に反復されるのである。

パロールが生き生きしているように見えるのに対し、エクリチュールは（まさに聖書も含めて）遺言的（testamentarisch）な性質を持つ——旧約、新約、永遠の契約（Altes, Neues, Ewiges Testament）。「記号の解放は、逸脱の運動を通して、現前性への願望を遡及的に根拠付ける。この生成、あるいはこの逸脱は主体に対して、自ら選ぶことのできないもの、あるいはその中に受動的に入れてもらうようにすることもできないものとして襲いかかって来る。自らの死に対する主体の関係としてのこの生成はまさに――生の、つまりは死のエコノミーの全ての有機的段階において――主体性を根拠付けているのである。全ての書記素（Graphem）はその本質からして遺言的な性質を持っている。エクリチュールに特有の不在性は、事物のあるいは指示対象の不在性でもある。[*30]」

声が自らの支配下に置いていると思い込んでいる事物の領域に属しているにもかかわらず、エクリチュールは同時に――語られた言説の秩序とは違って――真の主を知らない事物の（非）秩序にも属しているのである。

事象（Sache）へと凝固した指示対象――引用術は不在のものの擬態にすぎないが、指示対象を再生できると自分では信じている――さえもが、エクリチュールに対して事後的な――に

＊23 Enzyklopädie, WW, edd. Michel/Moldenhauer, Bd.9, Pfullingen 1967, p.5.

＊24 Platon Phaidros 257d（übers. Schleiermacher）.

＊25 Cf. dazu J.Derrida: Freud und der Schauplatz der Schrift, in: Die Schrift, 1.c., pp.302-350.

＊26 WW, ed. K.Schlechta, Bd. Ⅲ, München 1966, p.1087.

＊27 S. Kierkegaard:Entweder—Oder, übers, H. Fauteck, ed. H. Deim/ W.Rest, München 1975, p.485.

もかかわらず、逆に自分がエクリチュールを産出したと自己暗示をかけている——主体に向かってエクリチュールの示差的遅延構造を指し示しているのである。

ところでここに、構成的な主体＝主観性と言語が過剰にもてはやされた時代の後に、その時代の背景になっていた音声中心主義的思考への服従を拒絶、更には中心化思考一般の諸形式を秘教的に批判し、その点で『グラマトロジー』の秘められた前史に属すると言える、謎に満ちたエクリチュールがある。

ゲーテの克己小説（Entsagungsroman）『親和力』は、ロマン主義的な自然研究者ヨハン・ヴィルヘルム・リッターの言語哲学的論評とほぼ同時期に成立したわけだが、この論評には以下のように記されている。「（言葉と書字の）最初の、しかも絶対的な同時性は、言語器官それ自体が話すために書くという点に起因していたのである。文字だけが語る、あるいはもっとうまい言い方をすれば、言葉と書字はまさにその根源において一つであり、両者とも他方がなければ不可能なのだ。[31]」

エクリチュール、言語、死の親和性、並びに伝統的に併置されてきたパロールとエクリチュールの「絶対的同時性」を想起しながら不可解なものを読むことを、デリダのエクリチュールは教えてくれる。

記号学の最先端の成果、後期ハイデガーの言語存在論の極めて鋭い受容、フッサール現象学の客観主義的な論証の身振り、加えてエクリチュールをめぐる秘教的教説[*32]をアマルガム的に溶かし合わせたデリダのエクリチュールは、最近の理論的な議論における最も風変わりな現象と言えよう。

彼のエクリチュールは、「思考の統一性、体系性、同質性を越えるものは構造主義にとって問題にならない」[*33]とする病的なまでに理論に固執する頑迷な主張を否定する。

以下示していくように、デリダのテーゼとゲーテの『親和力』の洞察の間に認められる親和性は、全てはかつて一度あったことだ、という意地悪な命題の証明というよりも、むしろ抑圧されたものの再帰という精神分析のテーゼが文学史・理論史というメディアにも当てはまることを実証していると見るべきだろう。

エッセイスト、解釈者、文学理論家、そして哲学者でもあるデリダは、あらゆる実体化された「思考の統一性、体系性、同質性」に反抗するポスト構造主義的な異端に参与する。

＊28 J.Derrida: Kraft und Bedeutung, in: Die Schrift, 1.c., p.13

＊29 J.Derrida: Grammatologie, übers. H.-J.Rheinberger/ H.Zischler, Frankfurt a.M. 1974, p.120.

＊30 Ibid., p.120 sq.

フロイト、ハイデガー、アドルノによる文学解釈を経て、先端の理論形成物と、自らが活字から成ることを隠そうとしない文学の間に、啓発的な親和性が生まれてきた。概してこういう文学の方が、生き生きした精神の現前を保とうとする文学よりも、才気に富んでいる＝精神性が豊かである（geistreich）。というのは、こうした文学は真理が詩（ポイエシス）的に制作されたものであることを予感しているからだ。それだからこそ、このような文学は初期ロマン派フリードリッヒ・シュレーゲルの美しい言葉に即して言えば、「真理の構成のための文献学と哲学の結婚」[*34]を支援するのである。

言語と死の親和性

ゲーテの技巧小説（Kunstroman）は謎かけの弁証法に全面的に身を委ねている。にもかかわらずゲーテの解きがたいエクリチュールは、自らの魅力が謎かけに負うものであることを露呈している。

「赤い糸が全体を貫いている」（Ⅱ/2,368）[*35]という『親和力』の中で唯一人口に膾炙するようになった言い回し、及び「名前の意味については迷信的」（Ⅰ/2,255）になるに値する、といった箇所は、この技巧小説中に見られる数少ない顕示的（＝公教的）なヒントの例である。

これに対して、こうした謎を全面的に明らかにすることは、この小説にとってアプリオリに許されないことである。それは『親和力』が、現存在それ自体を謎として、自己を深淵へと解消していく謎として描き出しているからである。そのためゲーテは、いつもの彼の慣習に反して、本の技巧的、つまりわざとらしい構造を暴露する準備作業が記録文書として残されないようにその痕跡を完全に処分している。というのは、著者によって謎が顕示的に告知されたとすれば、この本は自らの落ちをばらしてしまうことになり、それによって謎めいた性質を失うばかりか、構成的な小説のカテゴリー、即ち著者というカテゴリーと共に、自己を意識する主体を脱構築しようとする洞察の結晶ではなくなるからだ。

この謎を、著者、及び彼の物語の主体たちを無意識的に規定しているものを著者が知ってしまうというパラドックスに矮小化してしまわないよう、この小説は形式の面で自らのテーマの呪縛圏に入っていく。ベンヤミンの比類なき『親和力』解釈は、形式的に完結した謎かけと、

＊31　J.W. Ritter: Fragmente aus dem Nachlaß eines jungen Physikers—Ein Taschenbuch für Freunde der Natur. Zweytes Bändchen, Heidelberg 1810,p.229.

＊32　Cf. J.Derrida: Edmond Jabès und die Frage nach dem Buch, in: Die Schrift, 1.c, pp. 102-120.

小説のテーマ的中心である、生き生きし続けることのない「生き生きしたものの謎」[36]の間のこうしたミメーシス的関係をめぐって編成されている。

このように形式とテーマを見事に自家薬篭中のものにしてしまったわけだが、それにはやはりそれなりの代価が伴う。そうした見事な処理がなされたおかげで、既にこの小説の有名な導入文（「エドゥアルト――我々は男盛りの金持ちの男爵をそう名付けよう」）によって自らが命名＝洗礼者であることを恣意的に表明する著者は、不埒者だということになる。

なぜなら彼は、専制的主権者として（autark）自らの被造物を名付けることを通して、まさに自らが明らかにしようとしている「生けるものの罪連関」[37]を継続することになるからである。「作品の徹底して構築的な技術」[38]を文字通り根拠付けている、命名という物語的な導入の身振りは、同時に小説の登場人物たちがその支配下に置かれている「幻惑という大きなモチーフ」[39]に参与しているのだ。

このように文芸学的区別に反抗する形で、著者と語り手というカテゴリーをちょうど出だしのところで混合した者は、自らが報告している当の過ちをまさに強制的に反復させられることになるわけだが、それによって彼は同時に、通常のパロールを制約している暴力からのメタ言語的コミュニケーションの解放[40]ということこれまで何度も繰り返されてきた主張を否定しているのだ。

というのもエドゥアルト自身が、幼なじみの友人（大尉）と二人の共通の命名日に出会った際に思い出しているように、彼は元の「可愛らしい簡潔な名」（I /3,259）オットーを捨てて、無論それよりも「もっと」お気に入りの、「特別にいい」響きがする今の名を付けたのである。それによって彼が「選択（的措定）を通して、自らに自然に備わっているものを解消」[*41]しようとしたのであれば、彼はシャルロッテの金言を正しく認識していないことになる。

「それぞれが自分自身と関わっているのと同様に、他者に対しても関係を持っているはずだ」（I /4,272）洗礼による命名は、実際のところ他者たちによって、しかも真に大いなる他者の名のもとに行われるのである。

＊33　Alfred Schmidt: Der strukturalistische Angriff auf die Geschichte, in: A.Schmidt（ed）: Beiträge zur marxistischen Erkenntnistheorie, Frankfurt.a.M.,1969, p.195.

＊34　F.Schlegel: Philosophische Lehrjahre 1796-1806, erster Teil, KA XⅧ ed. E.Behler, München/Paderborn/ Wien 1963, p.272(Ⅳ. 925）.

＊35　この形式で表示されている括弧内の数字はHamburger Ausgabeの『親和力』のテクストの部／章、頁数を表す。漢数字の場合は、『声と現象』の頁数である。

エドゥアルトは自己関係的に自分の洗礼を取り消し、自律的に自らを名付けているのであるから、彼は、彼の妻が自分のイメージに合わせて自然の風景を不幸の種を孕む公園へと改造し、自然の女主人としてのスタイルを取っているのと同様に、支配者然とした態度で言語と関わっていると言えよう。

そのような形で、「意識は十分役に立つ武器ではなく、時として用いる者にとって危険になる」という点――それが見落としであることが言明されているにもかかわらず――を見落とした一つのプロジェクト、一つの「新しい創造」（I /1,242）に従事したことで、二人はますます古い「創造」の「法（則）」に従属するようになるのである。

自分でつけたエドゥアルト（Eduard）という新しい名も、オットー（Otto）という古い名の呪縛圏に留まっているのだ。

両方とも語源的に同一であり、貴重品（Klein-（Od）; cf. I /9, 309）を表している。二つとも金持ちの男爵にぴったりの名だ（訳注：“od”という綴りはゲルマン神話の神オーディン（Odin）に由来し、自然に満ちた超越的な力を示す語“Od”を連想させる）。

他律的に与えられた名からの意識的な解放には、自分自身について啓蒙されていない啓蒙をより一層強力になっていく呪縛圏へと逆戻りさせる神話的な呪いがつきまとうのだ。[*42] なぜかと言えば、エドゥアルトには名前の秩序――この秩序が意識を中心に構成されている主体の理性によって「客観的解釈」[*43]という形で「十分に把握されることはまずない」だろう——が、つまりオットーという簡単な名が欠けているからである。

そのことは同時に、彼が——『親和力』の全集版に付されているパウル・シュテックラインの論評に関連付けてハインツ・シュラッファーが鋭く指摘しているように——その名が彼と同様に Otto という響きを持つ（大尉）、及びこの音から変形した響きを持つ他の主要登場たちから遠ざかることを意味する。

シャルロッテ（Charlotte）とオッティーリエ（Ottilie）。結合しようとする元素あるいは「存在 Wesen」を表す化学の「ぞっとする人工語」についての大尉の発言——この結合のプロセス自体に対しては「選択（Wahl）及び親和力（Wahlverwandtschaft）という美しい言葉」が準備されている——は同様に（当然意識を越えており、ほとんど神的とも言うべき）人工語

＊36　W.Benjamin: Goethes Wahlverwandtschaften, in: GS I,1, Frankfurt a.M.,1974, p.126.
＊37　Ibid.p. 138.
＊38　Ibid., p.146.
＊39　Ibid., p.136.

Ottoとその部品についても当てはまる。

この語の世俗的な音声形態の背後には、秘教的な構造が隠れているのだ。

「この死んでいるように見えながら、活動に備えて内的に準備している存在が作用するさまを目の前で見つめ、彼らが互いに求め合い、引き合い、攻撃し、破壊し、貪り、食い合い、そして最も内密な結合の中から再び、更新された、新たな、予期していなかった力と共に現れてくる様を共感しながら眺めねばなりません。そうやって初めて我々は彼らに永遠の命、いやそれどころか感覚と悟性があると信じてやることになるのです。なぜなら我々は、自らの感覚が彼らを正しく観察するのに十分であり、自分の理性が彼らを把握するに足ると感じることはまずないからです。」（I/4,275sq）

言語上の問題を思弁＝観照的（kontemplativ）問題へとずらし（「目の前で見つめ、共感しながら眺める」という言い回しに注意）、そうやって主体を「主体の中でのシニフィアンの優位」[*44]から守ろうとする大尉の無意識的に動機付けられた試みは、主体をめぐる思考が陥りやすい古典的な過ちを犯しているのである。

つまり彼の試みは、主体・客体の二項対立化によって（例えば超越論的統覚あるいは知的直観の中での）主体性の揺るぎない自律性を主張する目もしくはまなざしの隠喩系によって方向付けられているのである。

これに対して、オットーという名の綴りは、互いに「引き合い、攻撃し、破壊し、貪り合い」、そして常に更新される「最も内密な結合」の中から再び現れてくる動的な「存在」として姿を見せるのである。

この名の母音Oは、古のエロティシズムの伝統に則って、シャルロッテとオッティーリエという二人の婦人に寄りかかる。彼女たちの名の中央に位置する子音Tは既に少年時代から親友だった男たちに関係している。

Otto という回文（前後いずれから読んでも意味のある語又は句）のシンメトリカルな構造の中には、小説自体のシンメトリカルな構造、つまりそれぞれ九章目のところで中間休止を挟む十八章ずつの二部構成になっており、それによって「二番目のものを最初のものの比喩的な再帰あるいは回帰として」[*45] 読むことを可能にする構造が反映されている。

また、文字変え遊びと数遊びが相互に交差している、という推理も成り立つ。「男盛りの金

*40　Cf. die Arbeiten von J.Habermas und K.-O. Apel.

*41　H.Schlaffer: Namen und Buchstaben in Goethes "Wahlverwandtschaften" in: Jahrbuch der Jean-Paul-Gesellschaft 1972, p.87.

*42　Cf. Th. W.Adorno/ M. Horkheimer: Dialektik der Aufklärung, Frankfurt a. M., 1971, p.8 sq.

持ちの男爵」は本の章の総数と同じだけの年齢、つまり三十六才かもしれない。

そしてオッティーリエはちょうどその半分の年齢で死んでいる。彼女が生まれた時、エドゥアルトは死のアレゴリーであるプラタナスを植えており（I /9,303）、十八才で彼女は大人になり（erwachsen）、（人）生を越えるまで成長してしまった（dem Leben entwachsen）。物語られている期間も十八カ月に相当する。

登場した順序と小説の中での一般的な呼称に従って読んでいくと、Eduard-Charlotte-Hauptmann（大尉）-Ottilie という順から一つの頭字語が見えてくる :Echo（こだま）。そしてデリダの言葉遊びを借用して言えば、[*46] 主体なきイマジネール（想像的）なこだまの反響（Resonanz）に対応するのは、Otto という名の中に合一化されているものから生じてくる様々の理性を働かせた＝反響する（räsonierend）緊張であろう。

この名の変貌を通して、神話的な盲目――オッティーリエの場合これに加えて言語喪失、つまり文字通りの自己犠牲＝脱・言（Ent-sagung）――が彼らを襲うことになるわけだが、彼らにとってこの名前の行使する暴力と拘束力はそれほど見通しがきかないものなのである。

O-t-t-o という綴りはほんの少しだけ並べ変えると、エドゥアルトの「賭博とさいころ」（I /2,255）の趣味に対応する Toto（公認のかけ＝全体（toto））という読みが可能である。

そしてこの小説（の中）で問題になるのは（その）Totum（全体）である。小説の中で Mittler（ミットラー：訳注：「仲介者」を意味する）が五番目の人物として命名されると、この四つの文字に更にもう一つが加わって、「Lotto 宝くじ」と読めるようになる。この稀有な聖職者は「宝くじ」のおかげで「相当な賞金」（I /2,255）を獲得している。

Mittler という意味ありげな名前が Otto という名と対立するのは、単に二重の tt のせいだけではない。ミットラーは明らかに「天の使い」（I /18,353）、ヘルメスのイメージに形作られているが、[*47] いずれにせよ彼は死の結末に至る知恵を伝達（vermitteln）する役割を果たしている。

彼の現前は死の現前であり、彼は冥府の案内人として死に仕えているのだ。「彼は子供の洗礼に際して、聖職者の死の原因を作る。

彼は第六の戒律についての不用意な発言でオッティーリエの死を引き起こす、そして最後は、エドゥアルトの死を最初に発見する」。[*48] 彼は、仲介（Vermittlung）を約束する名前に相応しい者となり、Ot-to という回文に欠けている中心を代補するどころか、逆にこの回文の統一性の

---

*43 W.Benjamin: Ursprung des deutschen Trauerspiels, GS I, 1, 1.c., pp.214,215, 228.

*44 J.Lacan: Lé seminaire sur "La lettre volée", in: Ecrits, p.20.

粉砕に貢献することになる。

そういうわけで彼の名の登場――この名の登場は当時ようやく構成されつつあった解釈学という分野に対してこれまでなされた最もラディカルな批判であったと言える――は O-t-t-o という綴りを tot（死んでいる）へと返還する極めて独特な並べ変えと相関関係にある。

粘土人形の額にヘブライ語の単語「ämät」（命、真理）を刻み込むと命を与えられるが、この銘の最初の文字を消すと（mät――彼は死んでいる）[*49] と死なせることができるというゴーレム伝説をめぐるカバラの伝統に倣って、Otto というシニフィアンは最初の母音を奪われると、「tot」に変貌する。

オッティーリエを倒れさせた食欲不振という死の病に至る可能性の条件として、死のシニフィアンが強力に登場してくる。「シニフィアンを、他のシニフィアンとの関係において主体を代理＝再現前化するもの」[*50] として把握可能にする現前と不在をめぐる象徴的秩序の中に主体とシニフィアンが入り込むと、主体は文字通りシニフィアンに従属するようになる。シニフィアンがでしゃばり続ける限り、主体の中の支配者然とした性質は消失する。

そして「若い職人」が定礎式の後で儀礼的に砕こうとする杯に「刻まれた」シニフィアンの超主体的なでしゃばり＝審級（In（si）sta（e）nz）によって、指名された主体たちは、自らの移り行き＝不吉な運命（Verg/hängnis）を悟らされるのである。

祝辞の後で、
「彼はみごとに研磨された杯を一気に飲み干し、それを宙に投げた。なぜなら、悦楽の際に用いた器を砕くことは、ありあまる喜びを示すからである。しかし今回は異なった事態になった。杯は地面に落ちなかった。それは何の不思議もないことだった。／即ち建築をはかどらせるために、反対側の角は既に土台がすっかり固められたうえ、壁が出来かかっていたし、最後の目的のために、必要なだけの高さの足場を組まれていた。／特にこの祝いのために足場には板が取り付けられ、そこに多くの見物人を上がらせていたが、それは職人たちのための措置であった。その上に杯は飛んでいき、一人の男に受け止められた。彼はこの偶然を吉兆と見た。結局彼はそれを手から放さずに周りに見せた、そして人々は絵EとOの文字が非常に優雅に組み合わされて刻み付けられているのを見た。それは、エドゥアルトが若い時に彼のために作らせた杯の一つだった。」（I /9,303）
エドゥアルトが好んで専ら自分とオッティーリエに関係付けたがるEとOの文字は、愛し合

＊45 H.Schlaffer: 1.c., p.93.
＊46 J.Derrida/ V.Adami:Le voyage du dessin-Derrière le miroir No.214,Paris 1975, p.1.

う者同士の「優雅な絡み合い」よりも、むしろエロス（Eros）とタナトス（Thanatos）を代理表現している。ＥとＯの文字が優雅に絡み合う時、タナトスの頭文字であるギリシア文字のテータΘが読めてくる。

ＡとＯ、アルパとオメガ、始まりと終り、誕生、洗礼、愛、そして死についてはエドゥアルト自身が予め暗示している（Ｉ/5,281）。しかしそれにもかかわらずエドゥアルトの解釈学的試みが、杯の文字をエドゥアルトとオッティーリエの名の頭文字と解釈するものならば、この試みは「刻み付けられたもの」の隠されたタナトス的真理を見誤っていることになる。

愛する男はその後も、実際に生き延びたのはシニフィアンであったにもかかわらず、杯が落ちて受け止められたことの内に読み取れる占ト術的な契機を、生き延びたシニフィアンにではなく、自分の好むシニフィエに意味論的に関係付けようとする。

「私の運命とオッティーリエの運命は切り離せないものですし、私たちが破滅することはないでしょう。この杯を見て下さい。私たちの名前がここに刻み込まれています。陽気に歓声を上げている男がこれを宙に投げ上げたのです。もう誰にもこの杯で飲ませず、岩だらけの地面に当ててこなごなにするつもりだったのです。ところが受け止められたのです。高い値を払って私はこれを買い戻したのです、そして今では毎日これで飲んでいます、そうやって、運命が取り決めた全ての関係は破壊されることがない、と自分に言い聞かせているのです。」

（Ⅰ/18,356）[*51]

エドゥアルトはでしゃばり続ける記号の存在を過少評価した。

彼が自らを記号（Zeichen）化して自らの現存在を賭ける、つまり我が身を賭けて運命に向かって賭博をする気になった――これは『親和力』全体を通じて最も驚くべきコメントであり、これによって解釈は厳密な意味で余計になる――時になってようやく、意味というものはパロールの主の監督下にはないのかもしれない、という予感が彼の内によぎるのだ。

「それなら僕は自分自身を、（……）自分自身を杯の代わりに、二人が結ばれるかどうかを表す記し（Zeichen）にしてやろう、と思った」（Ⅱ/12,447）文構造上の倒置（「so will ich mich それなら僕は自分自身を／mich selbst will ich 自分自身を～してやろう」）に合わせて、エドゥアルトは狡猾に主体と記号の関係を逆転させる。

主体が自らを記号にすることで、「シニフィアンの優位性」を簒奪しようとしたわけだが、その戦略目標とは、この小説が頻繁に言及しつつ脱構築しているナルシスティックな主体概念[*52]

＊47 Cf. H.Schlaffter: l.c., p.97.

＊48 bid.

に攻めかかる記号論的侵略者と同一化することだ。

しかしエドゥアルトが自らを記号化しようとしていることは、自己自身に洗礼を施すことで記号化しようとしていることに他ならない。

この点で彼は、構成理論を記号論的に転回することの不可能性をも見誤っていたことになる。つまり記号は押し付けられ、伝承されるものであって、その示差的秩序を主体中心に産出することは不可能なのだ。

Scripta manent, verba volant（書かれたものは留まり、言葉は飛び去る）――そして言葉と共に主体たちは不吉な運命に陥っていく。なぜなら小説はそもそもパロールやまなざしよりも、むしろエクリチュール性に依拠し、エクリチュール性において固定化されているからである。*53

小説の中での書く行為についての最初の描写からして既に、不幸を避けようとして逆に増大させてしまう消去の試みの徴＝記号になっている。

エドゥアルトの大尉への招待状に添えられたシャルロッテの「追伸 Nachschrift」（Nach-Schrift／メタ・エクリチュール）は「インクのしみで損なわれてしまい」、「そのせいで彼女は不機嫌になり、そして彼女が消そうとすればするほど、それは大きくなっていった」（I/2,257）。

書状によって招待された男は到着すると、手紙の書き手であるエドゥアルトが未整理の書類

（エクリチュール）を主体中心的判断基準によって記録文書化するのを手伝うことになる。
「彼にとっては、他人と共に片付けるべきことと、自分だけで責任を持ってやるべきことの区別がついておらず、同様に、事務と仕事、楽しみと気晴らしも十分に切り離されていなかった。今や友がそういう苦労を引き受けてくれたおかげで彼は楽になった、つまり第二の自我がその分離を行ってくれたのだ、もう一人の自我の方は必ずしもそこまで自分を分割したいと思ってはいなかった。」（I /4,266 sq.）
大尉という代補的自我が、原的自我（das originäre Ich）と思しき者の書類を、間主観的依存性（「他人と共に片付けるべきこと」）と自我の自己主権性（「自分だけで責任をもってやるべきこと」）という視点から区分したのに対し、後になってオッティーリエはエドゥアルトのエクリチュールを書き写して二重化し、それによって彼の「分裂」の欠如をも二重化すること

＊49 Cf. D.Michael: "ÄMÄT" -Untersuchungen über? "Wahrheit" im Hebräischen, in: Archiv für Begriffsgeschichte Ⅶ / 1968, pp.30-56. この巻に含まれているジャン・パウルの機械についての論文も参照。
＊50 J.Lacan: Subversion du sujet et dialectique du désir, in: Ecrits, p.819.
＊51 この後でも杯がライチモチーフとして言及されていることに注目。

になる。

そういうわけで、体系的に不在のものを追放する試みであったにもかかわらず、既に手元にあるエクリチュールを二重化するだけに終わってしまった書く行為が、エドゥアルトとオッティーリエの間の最初の恋愛告白の導入にもなったのである。

奇妙な恋愛告白――「僕は君を愛している」とあるべき箇所に、二回重ねて「君は僕を愛している」とある。

しかしこれは二つの主体が自らの愛を告白し合っているというよりも、むしろ一つの主体ともう一つの主体が、「オリジナル」と「写し」の区別がほとんどつかない舞台の上で行為していると見るべきだろう。

「輝くばかりの愛らしさにあふれて彼女（オッティーリエ）が入ってきた。友のために何かを成し遂げたという感情によって、彼女の存在全体が自分自身を越えて高揚していた。彼女はオリジナルと写しをエドゥアルトの前のテーブルの上に置いた。『読み合わせてみましょうか』と彼女は微笑みながら言った。エドゥアルトはどう答えていいか分からなかった。彼は彼女を見つめ、写しを調べた。最初の何枚かはこのうえなく丁寧に、しなやかな女の手で書かれていた。それから筆つきが変わって、より軽快で自由な調子になっていくように見えた。しかし最後の数枚に目を通した時に、彼がどれほど驚いたことか。『おい、おい』と彼は叫んだ。『これはどうしたことだ。僕の筆跡じゃないか。』彼はオッティーリエを、それから再び用紙を見た。特に最後の箇所は、全く彼自身が書いたといってもいいくらいだった。オッティーリエは黙っていたが、いかにも満足そうに彼の目を見つめていた。エドゥアルトは両腕を上げた。『君は僕を愛している』と彼は叫んだ。『オッティーリエ、君は僕を愛している』、そして彼らは抱き合った。どっちが先に相手に抱きついたのか区別がつかなかっただろう。」（I /12,323 sq.）

書き、そして読みながら愛し合う者たちは一つになった、しかも区別できないほどに。その前からシャルロッテは、エドゥアルトがこれまでずっと彼女に対しては不機嫌そうに禁じてきたこと、つまり彼と一緒に（人生の）本を覗き込むことを、オッティーリエに対しては許してしまったことに苛立っていた。

しかしエドゥアルトとオッティーリエが一つになったのは、エドゥアルトが経験したエクリ

＊52　特に「人間は真のナルシスだ」という表現、及び小説全体を通して頻出するナルシス的な鏡のメタファー系に注目。

＊53　小説の冒頭でのシャルロッテのコメントに注目。「それでも多くの場合、書かない（nicht schreiben）よりも、何でもないこと＝無を書く（nichts schreiben）方が必要だし親切とも言えるわけですよ。」

チュールによる主体の抑圧が今やオッティーリエにも襲いかかったからでもある。エドゥアルトは「書かれたもの、印刷されたものが、僕自身の感覚、僕自身の心の代わりに現れている」（I/4.269）と言って、シャルロッテが本を覗き込むことに対する嫌悪感を理由付けていた。そうすると、後に彼が自分の古い手書きが二重化されたもの、つまり「オッティーリエによる書類の写しに何千回も」口づけしたのは、既にそこ知れぬ狂気であるということになる。

これに対して、その名がオットーと共に死の花である百合（Lilie）にも関係しているオッティーリエ（Ottilie）に対しては、この再生したエクリチュール、言い換えれば、新たに呪文で呼び出され、書き写された現前が、自らの「巨大な権利」を譲るつもりはない（I/11.321）ことをはっきり示したのである。

その権利とは即ち、「消失への激しい怒り」（ヘーゲル）として、あるいは非現前性の単なる遅延（一四〇）として存在する権利である。

死を前にしてオッティーリエは口がきけなくなる、そして彼女は自分の日記というエクリチュールに対してだけ、生き生きしたパロールがイマジネールに隠蔽していたものを打ち明けるようになる。「あらゆる表明（aussprechen）された言葉は」、表明することのできない非現前性という「反（対の）意味（Gegensinn）を呼び起こす」（II/5.384）のだ。

この事態に対応するのは、アトピーと非現前性をエクリチュールの原理として呈示するフリードリッヒ・シュレーゲルの洞察である。「根源にあるのは三冊の書物だけである法の本――『未来の形式』（憲法 ヴェーダ）――年代記（プラーナ）――『魔術の書』――過去の形式――そして書簡もしくは現在の形式、従って書くことを動機付けるための距離。」[*54]あらゆる距離の止揚、つまり「最も身近な近さ」――「意識、現前、そしてコミュニケーションを越えた近さ――を経験することによって初めて、「犠牲を伴わない主体の非同一性」[*55]というエドゥアルトとオッティーリエの願望が成就するのである。

この近さの経験が言語の放棄と重なってくる。

「依然として彼らは描写しがたい、ほとんど魔術的な引力を互いに及ぼし合っていた。彼らは一つの屋根の下に住んでいた。しかし互いのことを考えなくても、他の用事をしていて、周りからあちこちに引き回されていたとしても、彼らは互いに近付いていくのであった。一つの広間で落ち合ったとすれば、ほどなく彼らは、隣り合って立つか、座るかしていた。最も身近な近さによってしか彼らは安心できなかった、しかしこの近さによって完全に安心することができた、その近さだけで十分だったのである。まなざしも、言葉も、いかなる仕種も、いかなる接触も必要ではなかった、純粋に一緒にいることだけで十分だったのだ。そんな時、それは二人の人間ではなく、自己と世界に満足した、無意識で、完全な悦楽の中にある一人の人間であった。実際、仮にどちらか一人を住居の一番端に押さえ付けておいたとすれば、もう一人は次第次第にひとりでに、意図せずして相手の方に動いて行ったことだろう。人生は彼らにとって、二人で一緒でなければ解決できない謎だった。」（Ⅱ/17,478）

彼らの人生の謎、そして同時に彼らの愛し合う人生それ自体がまもなく解決＝解体（auflösen）[*56]することになる。

オッティーリエとエドゥアルトは沈黙し、自己を解体することで、主体同士を互いに「過剰におしゃべりさせ、過剰に説明させ」（Ⅰ/5.278）てしまう言語秩序なしでやって行こうとする。

このような形で、シニフィアンの連鎖が主体に書き込んでいるものを、主体自身が相互関係において反復するわけである。

その当然の帰結としてエドゥアルトは、互いに交わした沈黙の誓いを守って彼女のもとに手紙を残して去ろうとしたまさに瞬間にオッティーリエと出くわしそうになり、自らの意志に反して「過剰な説明＝超・説明Überexponieren」への強制に屈してしまう。

彼女がやって来る瞬間、彼は手紙に次の言い回しを付け足す。「君の来るのが聞こえる。ほんのしばらくの間さようなら。」（Ⅱ/16,473）このようにして、場所的・時間的な「距離」によってのみ正当化されるエクリチュールというメディアの中で、書き留める行為と書き留められた体験が重なり合うことを通して、パロールに暗示力を与え、エクリチュールの権利を解体する現前性が生じてきたのである。差異が同一性と化してしまったように見える。

エクリチュールの虜になっているエドゥアルトは、エクリチュールにパロールを簒奪させ、現在＝現前を救済する役目を託そうとしたわけだが、そうした彼の過剰に制約された＝超運命付けられた（überdeterminiert）最後の策略は、結果として彼自身と愛する人の呪縛に転化することになる。

二人は文字通り、現前とパロール、不在とエクリチュール、自己（と他者）が語るのを聞くことと自己（と他者）が書くのを見ることをめぐる迷宮の囚人になったのである。

「彼は手紙を畳んで、署名した。封をするには遅すぎた。彼はそれを通れば廊下へ出られると分かっている小部屋へ飛び込んだ。そしてその瞬間に、印章と一緒に時計をテーブルの上に置いてきてしまったことに気がついた。彼女が最初にそれらを見てはいけない。彼は飛んで戻り、運よく取り収めた。玄関の方からは、客に部屋を教えるために女主がその部屋に向かって進んでいく足音が聞こえた。彼は小部屋のドアへと急いだが、閉まっていた。彼は飛

＊54　F.Schlegel: l.c., p.494（Ⅶ, 222）.

＊55　Th.Adorno: Negative Dialektik, GS6, Frankfurt a.M., 1973,p.277.

び込んだ時に鍵を投げ落としてしまい、そのため内側に落ちているのだ。錠はかちっとしまっており、彼は封じ込められたまま佇んだ。」(ibid.)

受取人の現前という罠にはまった文書の傍らに時計と印章を残していった男は、自らが自分自身の書く行為によって呪縛された者であることを悟らざるをえなくなる。

エクリチュールと現前性を交差させようとする、成功の見込みのない試みに反して、象徴的なものの秩序——オットーという名はこの秩序の「客観的解釈」を表示している——に含まれる差異の力が発揮されるのである。

神話及び主体を飲み込む神話的論理がそうであるように、象徴的なものの秩序もまた、不在と欠如が、存在と記号の充溢よりも構造的に優位にあることによって成り立っているのである。この欠如を退けようとすることは、逆にこれをラディカルにしてしまうことを意味する。この光景の帰結としてのオッティーリエの言語拒絶は、こうした洞察を沈黙しつつ雄弁に物語る身振りであると言えよう。

オッティーリエの崇高なる沈黙は、言語と死の交差をめぐる彼女のトラウマ(外傷)的な経験の帰結である。「幻想による二重の不倫」[*57]、つまりエドゥアルトとシャルロッテが夜一緒にいながらも、同時にオッティーリエと大尉の現前を想像している状態で産まれてきた子はオッティーリエに預けられたが、言葉を発しないまま死んでしまった。「エドゥアルトの近くにいて幸福に満たされ、同時に今こそ彼を遠ざけねばならないと感じた」（II /13,457）後で、オッティーリエは自分の子だと思うようになっていた子供の死を招いてしまったのである。『親和力』はこれ以降、到底凌駕できない密な描写によって、自らの謎がかったモチーフの多くを掻き集め、一つのテーマへと編成していく。

オッティーリエは「感じやすい心を引き付けたまま、離そうとしない」（II /13.454）本の内の一冊を読み、それに続くエドゥアルトとの出会いにおいて、自分が彼のものであると「妄想し」、「信じた」後に、自分に託された子供と共に小船に乗ってシャルロッテのところまで漕いで行こうとする。

「彼女は小船に飛び乗り、オールを掴み、岸を突く。彼女はかなり力を出さねばならず、繰り返し岸を突く。小船は揺れ、少しだけ湖面へ滑り出す。左の腕で子供を抱き、左手には本を、右手にはオールを持つ彼女は、やはりぐらつき、小船の中に倒れてしまう。そして彼女が平衡を保とうとしていると、オールが彼女の手から一方へと滑り、子供と本がもう一方へ

＊56　この解決＝解消の二重の意味については、『もう一つのゲーテ時代 Die andere Goethezeit』に収められている論文「彼らにとって人生は謎だった Das Leben war ihnen ein Rätsel」を参照。

と滑って、全て水中に落ちてしまう。彼女は何とか子供の衣服を掴む。しかし無理な姿勢のため、彼女自身起き上がれない。空いている右手だけでは、体の向きを変えるにも、体を起こすにも不十分だ。とうとう彼女は起き直ることに成功し、子供を水から引き上げるが、子供の目は閉じられていた、もう息が絶えていたのだ」。（II /13,457）

存在と現前を暗示する小説のイマジネールな力に屈したことで、オッティーリエの「怪しさ」は軌道を外れる。[*58]

「子供と本」——liberi et libri——は同じようにイマジネールな根源＝源・泉（Ursprung）を持ち、それゆえに水という反射媒体へと「漏れて」いったのである。

オッティーリエは

「自分自身に助けを求める。溺れた者の救助については何度も聞いたことがある。ついこの間の自分の誕生日に、それを実地で見たばかりだった。子供の服を脱がせ、自分のモスリンの服でその体を拭いてやる。自分の胸もとを広げ、初めて戸外で胸を露にする。初めて彼女は生きているものを、自分の純粋な裸の胸に押し当てているのだ。ああ、それは生きたものではない。（……）全ては無駄だ。（……）濡れたまなざしで彼女は見上げ、そして感じやすい心がどこに助けを求めても助けがない＝欠如している（mangeln）時、最大の助けを見出すところからの助けを呼ぶ。それに、もう既にあちこちできらめき始めている星の方を向くのも無駄なことではない。柔らかい風が起こり、小船をプラタナスの方へと押し進めていく。」（II /13,457sq.）

いかなる「濡れたまなざし」も、いかなる「助けを求める呼び声」も遍在する「欠如」を「最大の充溢」へと変化させることはできない。むしろ繰り返されている「無駄 Vergebens!」という言葉こそが、イマジネールなものについての簡潔な真理であることが明らかになる。Otto へと世俗化され、言及されることのない神 Gott[*59] という名はそれ自体が、幻影的な現前と構成的主観性に抗して自らの拘束力を発揮する象徴的なものの秩序の（総体ではないとしても）一部なのだ。

柔らかなハーデスの風、プラトン的（platonisch）な死の木としてのプラタナス（Platane: 訳注：プラトンという名もプラタナスという植物名も共に「幅広い」を意味するギリシア語「プラトゥス」を語源とする）、そしてまさにトポロジー（空間位相学）的性質を帯びた小船が、このテクストの連続性の中で、オッティーリエ（百合――プラタナス）の最初のエロティックな結合を死者との合一化として性格付ける死のアレゴリーへと凝縮していく。

*57 F. Jacobi am 12.1.1810 an F. Köppen.

「オッティーリエとエドゥアルトの内で支配的になっているのは、真の愛ではない」[60]ことが、オッティーリエの明白な死への恋によって明らかとなる。

この恋の「表現=表情なき ausdruckslos」(ベンヤミン)身振りとして、今や始まりつつあった彼女の言語喪失が浮上してくるのである。

さあ来るんだ、一緒に語り合おう、語る者は死んではいない。自己を犠牲にする=脱・言する者は、もはや語りはしないのだ……。

そしてまさにこの言語喪失こそが「言語の本質における真理を発見することになる」[61]のだ。言語の構成的欠如を止揚しようと望むのは、『親和力』の中で報告されている全てのイマジネールな錯誤に共通の類型である。

この作品の中で描写されている言語の上での錯誤は、「シニフィアン優位」の状態から主体を解放してやるどころか、逆に引用を通して、欠如に潜んでいる主体を飲み込む神話的な力を引き寄せるのである。

イマジネールに生み出された子供は、この錯誤の最も明らかな、しかも罪のない犠牲である。彼の本当の父は「息子の誕生に際してその場に(=現前して:gegenwärtig)おらず」、そのため「その子が将来にわたってそう呼ばれることになる名を決めることができなかった」(II/8,420)ため、ミットラーはその子を現実的な父とイマジネールな父の「双方」の名で洗礼することを提案する。

「子供はオットーと名付けられるべきだった。父とその友人の名を名乗るしかなかった」(ibid.)。新たな洗礼行為は自らが恣意的かつ専制的(「べきだった sollte」)な名付けの行為であると誤解しているが、実際には、象徴的なものの中の欠如を補おうとする試みを強制的(「～しかなかった konnte nicht anders」)に反復させられているだけなのだ。

この象徴的な秩序の欠如は、オットーという名前に――かつてゲーテが訪れたことのある、彼をして秘教的な綴り字遊びをさせる気にさせたかもしれないアルザス地方のオディーリエ(Odilie)山地の山麓の愛すべき土地の名:オトロット(Ottrott)とは異なって――いかなる中心も、いかなる真ん中もないことによって象徴的に再現前化されている。

オットーという子供は、この四つの綴り字から成る名前の記号の中に登場してくる五番目の

＊58　H.Brinkmann(Zur Sprache der "Wahlverwandtschaften" in: Studien zur Geschichte der deutschen Sprache und Literatur Bd. II Düsseldorf 1966, PP.353-375)はこの章における現在時制文と過去時制文の交替に注意を向けている。奇妙なことに子供の死は現在形で、関係者たちの言葉の上での反応は過去形で描写されている。珍しい文法的落ちである。現前している＝現在形である präsent(isch)のは不在のもの、死である。

主体である。

真ん中を持たないこの名前の欠如構造をまさにイマジネールに止揚している点において、この子供は文字通り余分な＝数的に超過した（überzählig）ものなのだ。

この子において初めて死に向かうシニフィアンの暴力が顕在化するのである。この子の合図にオッティーリエが従う。そしてそのオッティーリエが今度は、もはや名前と命の息吹（Odem）をエドゥアルトに吹きかけなくなり、それによって自分の後に従うよう沈黙の内に彼に命じるのである。

一度も一つになれなかった、死にかけている恋人に向かってエドゥアルトは呼びかける。「僕は君の声を二度と聞いてはならないのか。一言でもいいから僕に語りかけて生の中に戻って来てくれないか。いいよ、いいよ、僕の方が向こうまで君についていくよ。向こうで、別の言葉で語り合おうじゃないか。」（Ⅱ/18,484）しかし別の言葉で語り合うのは、寄り添い合って安らう死者たちだけなのだ。

「こうして恋人たちは、寄り添い合って安らっている。平和が彼らの居場所の上に漂う晴れやかな、縁（＝親和性）のある天使たちの像が丸天井から彼らを見下ろす、そして二人が、いつの日にか再び共に目覚める時は、何と心地よい瞬間になることだろうか。」（Ⅱ/18,490）そう、もし……。

フリードリッヒ・ヤコービの悪意がこもっているが、同時に啓発的な論評によれば、この輝くばかりに組織化されているにもかかわらず、主体性を脱・中心化する＝常軌を外れさせる(ex-zentrierend) 小説の締め括りの図柄は「純粋に生理学的」[*62]だ。

この小説のメランコリックであるにもかかわらず、恍惚とした平静さを見せる身振りは、希望なき者たちだけのための希望を知っている。

全ての技巧的テクストの内で最も純粋に言語に呪縛されている『親和力』は、純粋に生理学

*59 以下のシャルロッテに対するエドゥアルトの言葉を参照。「オッティーリエを引き取ったらいい。大尉は僕に任せてくれ、神の名において（二人を招待するという：筆者）実験をやってみようじゃないか。」）（傍点：筆者）ゲーテ（Goethe）という名前に対してヘルダーが『詩と真実』の中で引き合いに出されている多義的な注解――「それは神々（Götter）、代父母（Goten）、あるいは糞（Kot）から来た名だ」（l.c.p.439）――を加えた後、ゲーテは自身の名前をしばしば、ただしいつも極めて暗号化した形で、自分の作品中の名前に関係付けている。cf.L.A.Willoughby: Namen und Namengeben bei Goethe, in: H.Reiss (ed.) :Goethe und die Tradition, Frankfurt a.M., 1972, pp.259-281.

*60 W. Benjamin: Goethes "Wahlverwandtschaften", l.c., p.187.

*61 Ibid., p.197.

的に、主体にかけられている言語と欠如という呪縛を祓いのけることを試みるのである。

フッサールとフロイトにおける主体の脱・中心=非常軌性（Exzentrik）

余りにも自意識の強い主体性に対する『親和力』の恐るべき批判は、同時代の主体=主観性理論のあらゆる形式を（実際に）揺さぶった（のに加え、この小説が当時適切に読まれていたとすれば、これらの理論の受容史にも揺さぶりをかけていたことだろう）。

全ての理論的領域、及び――カントの超越論的統覚のテーゼによって導入され、『精神現象学』によって完結された――それらの理論のメタ理論において意識への中心化が肥大化した形で進行した時代の後に、ゲーテの小説は思考を構成する主観性への追悼の辞として登場してきたのである。

「イマジネールなものに対する象徴的なものの優位」[*63]の名において、自分こそが欺くことのできない原理であるかのごとくもったいぶっている主観性が単なる仮象であることを解明（deuten）している点で、「親和力」はその登場から一世紀経ってようやく、現象学、精神分析、言語学からなる星座=編成（Konstellation）の中に理論的対応物を見出だしたのである。

というのは、直接的で自己言及的なものとされている主観性に対するヘーゲルの記号論的な視点からの（そしてその点で、主体の非根源性に対するゲーテの洞察と同時代において唯一類縁性のあった）批判でさえも、結局主観性を救済しようとする身振りで締めくくられている。命題＝文（Satz）の弁証法をめぐる現象学的理論は、「概念に内在するリズム」[*64]を優位に置くことによって主観性を脱中心化したと言うことはできよう。

しかし弁証法はそれと同時に、第一の、文法的な主語＝主体概念の消滅の後にこの主語の——当然もはやアプリオリ的ではなく——結果的真理として生成してくる第二の主語＝主体という形で、主観性を固定化してしまう。

ヘーゲルは、論理学的・文法的主語概念と意識理論的主語概念の間に生じる術語的な両義性を、両者の間の構造的、かつ系譜学的連関のヒントとして概念的に把握しようとはしなかった。彼はむしろ、ディスクール（言説）理論の仮定を予め転倒したものであるかのような議論を立てている。超越論哲学は彼の後に続く形で、アリストテレス・スコラ的存在論において実体（Substanz）という意味での主体が守ってきた位置を、意識の主体に割り振ったのである。実体的なものの文法的な代理＝表象である文（命題）の主語は、自らが偶有性（述語）を支える「静止した ruhend」実体、したがって「対象的に固定した自己」であるという主張を今や否認してしまうのだ。

というのは、述語——「古い論理学の帰結（consequens）」に相当する——を通して初めて、主語＝主体（ひいては前件（antecedens）に相当するもの、即ち全ての述語の前提）とはそもそも何であるか事後的に示されるようになるからだ。

このように主語が述語の中で消滅する、もしくはその根底である述語の中へと後退したことにより、「文＝命題」全体が、「不動で」、実体的であると思っていた自らの中心が脱・中心化されるのに直面することになり、「動揺」してしまうのだ。

この欠如を補うことが、「あの（消滅してしまった文法的：著者）主語の代わりに」現れてくる「第二主語」「知的自我 das wissende Ich」の真の機能である。

文の暴君兼パロールの主となり、それによってカントやフィヒテの自我概念の安定性に到達することは、この「第二主語」にとって自らが抱えている病根のため不可能なのだ。

なにしろ第二主語は、第一主語、つまり実体的な文法的主語の動揺と消滅の結果にすぎないのだ。「あの第一主語が事物の規定それ自体の内に入り込み、その魂になっているとすれば、第二主語、即ち知の主体＝主語は、前者の主語との関係にけりをつけて、前者を越えて自分自身の内へと回帰しようとしている矢先に、述語の内でまたもや前者に出くわすことになるのだ。

そういうわけで主体＝第二主語は、第一主語にどの述語をあてがうべきか理性を働かせる（Räsonieren）という意味での述語の運動を実行する者（das Tuende）として有るのではなく、内容としての自己とも関わることを強いられる。

孤立して＝対自的に（für sich）有るのではなく、内容と一緒になって存在せざるを得なくなるのだ。」

「狡猾だ」――ヘーゲルはこの二級の主語の「行い das Tun」をはっきりそう評価している。[*65]「第二主語」は狡猾にも代補的な穴埋め役を果たすことによって、追いつけないほど自分よりも先行している象徴的秩序の「論理的必然性」の単なる機能へと成り下がらないようにしているのだ。

第一主語の「位置に＝の代わりに an die Stelle」登場し、それによって表象＝代理性の本質である〝何かの代わりに〟構造（Für-Etwas-Struktur）を充足することで、「第二主語」は崩壊の危機に瀕していた文・象徴構造と共に自己自身をも救っているのだ。

「知的自我」としての第二自我は「述語の結合」を遂行し、そうやって述語を「保持する主体＝主語」になるのである。従って実体は主体であると言ってもよいが、その逆に主体が実体であると言うべきではない。

＊62　F.Jacobi: 1.c.
＊63　cf. J.Lacan: Ecrits, pp.11,546, 728.

むしろ主体とは、自己自身の内に差異を含み、かつ差異化しつつある機能だと考えるべきだろう。

このようにヘーゲルは意識経験に関する学において、主体を救い取るような形での批判を展開しているが、これと対照をなすのが、『親和力』における独特な主体性喪失である。

この小説はディスクール理論と軌を一にして、ヘーゲルさえもが狡猾に「第二」のものと称して救おうとした主体の無力さを露呈してしまう。『親和力』の主語＝主体たちは、第二の主語として精神的に現前する（＝沈着な姿勢を保つ）ことさえないのだ。

そしてまさにそういう理由から、現在時制において進行する語りの流れの中で、「人称的主語＝人格的主体（persönliche Subjekte）の顕著な後退」[*66]が認められると言ってよいだろう。ゲーテの小説に対しては、同時代のいかなる理論も、後見役として小声で台詞をささやきかけること（soufflieren）はしていない。

こうした理論的背景の欠如が唖然とさせるようなテクストの生産力に繋がっているのだ。ゲーテは自らの芸術＝技巧散文（Kunstprosa）の中に、理論めいた言い回しを隠れた形で散りばめている。

それらの言い回しは、主体性をめぐる超越論哲学的考察に含まれていたあの三つの不整合

（Inkonsistenz）に対応するものである。

これらの不整合のおかげで、フッサール、フロイト、ソシュールの理論が誕生し、加えてポスト構造主義の――口にするのも恐ろしいことだが――「人間の終り＝目的 fines-hominis」論議が引き起こされたのだ。[*67]

それらの不整合とは、①現前と主体性の交差、②他者を括弧に入れること、あるいは括弧から外すこと、③意識と意義の交差――の三つである。[*68]

これら三つのテーゼのアンサンブルによって初めて古典的な主体性概念が可能になるわけだが、これらのテーゼは文学的な面から破壊（Subversion）されて、更に百年を経た後、現象学と精神分析による脱構築な読解の手中に入ってしまったのである。

①について。「多くの落ち窪んだ墓石だの、教会に礼拝に来る人たちによって踏み減らされ

＊64 G.W.F.Hegel: Phänomenologie des Geistes, W.W. 1.c., Bd.3, Frankfurt a. M., 1970. p.56. この後の引用部分は同書の五五―五九頁からのものである。これについて詳しくは、Cf. J.Hörisch: Das doppelte Subjekt—Die Kontroverse zwischen Hegel und Schelling im Lichte des Neostrukturalismus; in:M. Frank/ W.van Reijen(edd.):Die Frage nach dem Subjekt. Frankfurt a.M.1988, pp.144-164.

た墓石だの、自らの墓標の上に崩れ落ちた教会だのを眺めると、死後の生というのはやはり第二の生だと思えてくる。

その生の中に人は専ら像、あるいは表題となって入っていき、本来の生き生きとした生の場合よりも長くそこに滞在することになる。

しかしこのイメージ、第二の現存在にしても遅かれ早かれ消えるのだ。人間に対してと同様に、記念碑に対しても、時は自らの法＝権利（Recht）を譲ろうとはしない。」（II /2,370）オッティーリエの日記の記載は、古典的主体理論によって主張された現在＝現前の「生き生きした生」と「人間」の「現存在」の交差がイマジネールなものであることを示している。

もはや現在形のパロールではなく、壊死したエクリチュール、「表題＝超エクリチュールÜberschrift」として記されるようになった「第二の生」の名の下に、彼女の日記は、アリストテレスによって開始され、そして――ハイデガーが示しているように[*69]――ヘーゲルにとっては依然有効であった、今（Jetzt）という時を恒常的に現前する点から規定する思考の伝統を批判しているのだ。

この伝統では、現在時制が際立たせられるのに対し、過ぎ去った、あるいは来るべき今としての過去時制及び未来時制は欠乏様態と見られる。

つまりこれらの時制は、「私」と言う主体＝主観性によって常に現在時制においてなされる言表（Aussage）の瞬間に、今の点（Jetztpunkt）の単なる過去把持（Retention）あるいは未来把持（Protention）として価値を切り下げられているのだ。[*70]

これに対してデリダの緻密なフッサール読解は、『論理学研究』自体がいわば自らの意に反して、そうした現在と主体性の特権化のアポリアを明示していることを証明している。

なぜなら「私」という言葉は明らかに、その意味が「場合ごと、語る人物とその状況ごと」に変更する「本質的に偶発的（okkasionell）な表現」[*71]に属するからである。

表現（Ausdruck）及び意味（Bedeutung）は、フッサールが、イデアール（理念的）で客観的な事態、対象、構造を命名するタームとして予め取っておいたものである。

そうやって彼はこれらを偶然に使用される指標（Anzeichen）と峻別する。

ただしそうだとするとフッサールは、本来なら指標の「揺らぎSchwanken」と比較しなければならない「私」の使われ方を「本質的に偶発的な表現」として分類するという術語上の詐

＊65　Ibid., p.53.

＊66　H. Brinkmann:1.c. p.369.

欺行為を犯したことになる。

そうでないとすれば、この分類によって彼は、「私」の意味のイデア（理念）性は、自らの持続する現前の同一性に根拠付けられたものであると考えることはできない、という特殊な事態に直面することになる。

つまり「自己自身を記号表示（bezeichnen）するその都度語っている者」[*72]が——偶発的な言葉が客観的でイデアールな表現で置き換えられることをフッサールはこのように言い表している——その場にいない（nicht anwesend）にもかかわらず、「私」はそれでもなお有意味（bedeutsam）な表現である、という重大な＝意義深い（signifikant）事態になる。

言表（Aussage）の「作者＝創造主」が架空であるか、死亡している、あるいは知られておらず、そのため所有者が不在であっても（もしくは、まさに不在であるからこそ）、意味は「私」という移動装置（Shifter）[*73]に属しているのだ。

「私」という言表が、それによって初めて意味が保証されるとされてきた「生き生きした現前」に拘束されていないのが明らかだからこそ、この言表は単なる指標ではなく、表現なのである。従って「私」という表現はそのイデア性を指示対象の構造的不在性——この不在性はエクリチュールというメディアの場合、パロールの場合とは異なった仕方で明らかになる——に負うているのである。バンヴェニストの仮定に反して、「ディスクールの顕在性（Aktualität）とは異なった指示性を持つ」[*74]主体の非・現在的（a-präsent）な脱中心性によって初めて、主体による意味作用が可能となるのだ。

そういうわけで、フッサールによってフッサールに対抗するデリダの『論理学研究』読解は、西洋的思考の根底にある現前性と主体性の同一化の脱構築に至るのだ。「私の死は、私の表白＝告示（prononcé）のために構造的に不可欠なのだ。」（一五五）

こうした現象学による現前性と主体性の脱中心化に対応するのは、自我の事後性をめぐる精神的分析の洞察だ。主体における〝私〟的（ichhaft）なものは、主体に後から付け加え（nachtragen）られたものである。

自我はとりわけそのことのために事後的なのである。夢は、「夢の思考とは異なった仕方で中心化されている」[*75]というフロイトの定式は、主体の自らの意識に対する脱中心的な（＝常軌を逸した）関係とも関連がある。

---

*67　Cf. J.Derrida: Fines hominis, übers, H. Boose, in: Randgänge der Philosophie, Frankfurt a.M. 1976.

*68　問題設定の類似や、生きていた時期がほぼ重なっていたことにもかかわらず、フロイト（一八五六‐一九三九）とフッサール（一八五九―一九三八）はお互いのことをほとんど認識していなかった。

だからこそ、「自らの自我が一つの夢の中で多重化して、あるいは様々の異なった形（Gestalt）で登場する」[*76]というフロイトの文を、ラカンは、意識化されたエゴも含めたイマジネールな自己同一性についての構造的真理として理解したのである。自我の底なしの夢想的・無意識的な「形態 Ge-staltung」の内には、死を生から分かつ境界線を止揚している形態も含まれる。

この亡霊めいた境界線の止揚は、フロイトが解釈した数多くの夢の常軌を逸した中心に位置している。この形態は、死んでしまったのに、それでもなお現前している父が息子の夢に現われてくる有名な症例の中にも認められる。

「父親は再び生き返り、彼（息子）と普段のように話しをした、しかし（……）彼は死んでしまったのであり、それを知らないだけなのだ。[*77]」死の衝動という後期フロイトのテーゼがラカンによって尖鋭化されることを通して初めてその深層構造が解明されたこの夢では、直接的に主体として自己自身と同一化しようとするもの（の軌道）の体系的な事後性が砕け散っているると言えよう。

〝私〟的な自己意識は絶えず現前しながら直接的に「私」として自己主張することができないので、この意識には「先取された事後性（die antizipierte Nachträglichkeit）」[*78]という時間様態が付与される。というのは、事実上無力で依存状態にある六カ月から十八カ月の「幼児 infans」が、既に主体の最初の自己同一化を通して、鏡像の中に自らの統合された自我をもっぱ

らイマジネールに知覚することになるからだ[*79]
まだ完全に両親に依存している子供は、自らの全体性と自律性のイメージを先取的に喜ぶが、その分だけ後になってより強力、痛烈に、自律性のイマーゴ（成像）と事実上の依存性の間の差異を、事後性という自らの欠如として経験するのである。

自我哲学において主体として概念把握され、根拠付けの連関全体の中心へと移されて行ったものは、実は誤解の産物である。

このことは既に、自己を自己として（例えば鏡像の中で）同定（identifizieren）する自我が、自己を自己として認識しうるには、予め自我というものの性質を知っていなければならないという論理的構造からみて明らかである。

---

*69 Cf. Sein und Zeit, Tübingen, 1967, p.432. この脚注に対するデリダの注釈も参照。Cf. Ousia und gramme, in: Randgänge, 1.c., pp.38-87.

*70 E. Husserl: Zur Phänomenologie des inneren Zeitbewußtseins, ed.R.Boehm, Husserliana X. Den Haag 1966, § 12 sqq.

*71 E. Husserl: Logische Untersuchungen II /1, Tübingen 1968, p.81.

*72 Ibid, p.82.

主体が真実にかつ現実的に現前している＝落ち着いている（〔geistes-〕gegenwärtig）ことは決してないのだ。というのは主体の中で、自己自身のイマジネールな先取と事後性――例えば自らの鏡像を覗き込む子供に対して、そこに見えるのは自分自身であることを指し示す（bedeuten）両親のパロールの事後性――が交差するからである。

主体は自らに対して先行し、かつ自らの後を追っているのである。しかし自己同一化＝同定のメディアとしての現前性は主体にとって構造的に不可能なのである。

過ぎ去った未来という時間様態に不可避的に囚われていることにより、主体には、取り戻すことのできない、自己現前を歪める、回収不可能な「他性 Alterität」が書き込まれているのだ。この他性は、「私は、〔私で〕ある ich bin〔ich〕」と言おうとする時に、「私は〔私で〕あったことになるだろう ich werde〔ich〕gewesen sein」と同時に言わせてしまうのである。

言表されたものの主体の不在という構造的な条件の下でのみ、主体の言表が可能となるのだ。ラカンはこの運動を以下のように定式化している。「私が私の思考の玩具になっているところに、私はいない。まさに、私は考えていると、私が考えていないところで、私は、私であるものについて考えているのである。」[*80] 自己を思考する思考は、「コギト（我考える）――コギタンス（現に考えている）」関係の両項を主体の中に措定しようとするが、その際に、思考された自我の不在という条件の下でのみ、思考する私が生じ、またその逆も真であることを経験せざるを得なくなる。

このアポリアとパラドックスを通して、不在性と主体性の許しがたい交差が、自我論的な反省理論のカテゴリーの枠組みの中でさえ浮上してくるのである。

②について。自己性（Selbstheit）のメディアとしての現前性の脱構築に対応するのは、（大文字の）他者による主体の脱中心化である。[*81]

ゲーテの『親和力』は、自己言及的な——自らは「自然存在（Naturwesen）とは違って、優先的に「自己自身と関係」していると思い込んでいる——主体性理解に含まれる破局への潜在的な可能性を、いわば自然科学的な言い回しを使いながらも、文学的な迫真性をもって既に露呈している。

＊73 Cf. R.Jacobson: Shifters, Verbal Categories and the Russian Verb, in:Essay de linguistique générale, Paris 1963, pp.176-196, und J.Lacan: Ecrits,p.535 sqq.

＊74 E.Benveniste: De la subjectivité dans le langage, in: Problèmes de linguistique générale. Paris 1966. p.262.

＊75 Die Traumdeutung, Studienausgabe Bd. II . Frankfurt a.M. 1972, p.310.

＊76 Ibid, p.320 sq.

これから百年後、現象学と精神分析は理論面からの努力によって、間主観性の欠陥から自由であると妄想する固有性（Eigenheit）の危機を明らかにする。

フッサールとフロイトは共に、崩壊しつつある自我自律性再建のプログラムを構想したが、彼らのエクリチュールはその著者たちの人間主義的な精神を打ち消し続ける。『論理学研究』からして既に、真に脱構築的な論証形態にはまっている。

このエクリチュールの中心概念の一つは「孤独な魂の生」[*82]であり、このタームはあらゆる他律性から保護された自己主権的な自我性を記号表示するとされている（Cf. 七三）。自我が「孤独な自己内会話」で——フッサールの例（「おまえはまずいことをやった、もうおまえはそういうやり方を続けられないぞ。」）にあるように——二人称単数形で自己に語りかけるのは偶然ではない。

これは一つの前兆＝指標（Anzeichen）だ。精神分析的な言い方をすれば、超越論的な固有性の領域を保持するために全ての異質なものを二重に括弧に入れようとするフッサールのプログラムが挫折せざるをえないことを示す一つの症例（Symptom）だ。

手前にあるものを指示しており、そのため経験的なものに囚われた状態になっている指標をエポケーし、「孤独な自己内会話」に口出ししてくるかもしれない他の主体性を遮断しようとする試みは、移動装置である私の指標的（anzeigend）機能、[*83]そして「アルター・エゴ（もう一つの自我）」のでしゃばりのおかげで挫折することになる。

つまりフッサール自身の説明にあるように、「聞き手に対して語り手の思考の記号（Zeichen）」の役割を果たすという点で、「伝達的（kommunikativ）な語り＝パロールにおける全ての表現は、指標（Anzeichen）として機能している」[*84]のである。

またその場合、指標装置（Anzeige）は「孤独な自己内会話」を脅かしている、という告発＝前兆（Anzeige）に基づいて指標装置に対して判決を下すとすれば、その判決は「アルター・エゴ」にも当てはまることになる。「世界の客観性［そして意味のイデア性：著者］」[*85]を理解可能にすることができない自我論の無力さ」のため、既に『論理学研究』に含まれていた潜在的な独我論傾向は自己崩壊してしまうのだ。

それというのもこの問題をめぐって、以下のようなジレンマが生じてくるからだ。表現が、超主観的（transsubjektiv）な拘束を受けているおかげで、意味の客観的イデア性を獲得して

---

*77 Ibid., p.417.

*78 Cf. S. Weber: Rückkehr zu Freud——Jacques Lacans Ent-stellung der Psychoanalyse. Frankfurt a.M. /Berlin/ Wien 1978, p.12.

*79 Cf. J. Lacan: Le stade du miroir comme formateur du Je; in: Ecrits, pp.93-100,

いるとすれば、「アルター・エゴ」と伝達的パロールの経験は指標装置によって可能となる、という論理が説得力を失う。

あるいは、常にフッサールの議論の前提になっているイデア性と「孤独な自己内会話」の相関関係を転倒させて、固有性、並びに自己現前する主観性の直接性（とされてきたもの）をメディアとして特権化することを止めてしまえば、主観性の構成理論が挫折したことになる。

このことは既にアドルノのフッサール研究が別の形で示している。

「真理の思考とは――たとえそれが超越論的なものであれ――主体の問題として、あるいは純粋にイデアールな法則性の問題として論じ尽くされてしまうものではなく、事態に対する判断の関係付けを必要としている。そしてこの関係――そしてそれに伴って真理の客観性――は思考する様々の主体を包摂しているのだ。これらの主体は、総合（Synthesis）を実行しながら、同時に事物の側から総合へと促されているのであり、その際に総合と強要が相互に分離されることはないのである。*86」

「総合と強要」の強制連関に主体は二重に従属しているのである。その一つは、主体が他の全てに対してそうであるように他の主体に対しても先行する形で構成されているとしても、絶対的に唯一的な自我は、客観的かつイデアールな妥当性それ自体に妥当性を与えようとすれば、自己を構成するものとしての他者を構成するよう強いられることになる、という点だ。

（フッサールの見事な言い回しを使えば）自我が「自発的に（von sich aus）、そして自らの内（in sich）に、そのもとでは自我自身が単なる部位として、つまり超越論的に他なるものの私として成立することになる超越論的主観性を構成する」という意味において、自我は「超越論的に変化しうる（訳注：ここで用いられている“deklinieren”という言葉は（代）名詞の人称・格変化を意味する）」[*87]のであれば、自我自体が「他者化（Veranderung）」[*88]へと強要されていることになる。

これは抑圧されたものの回帰という精神分析のテーゼに対する現象学版の——現象学自体にとっては不本意な——変種である。

---

*80　Ecrits, p.519.

*81　これについてはM・トイニッセン（Der Andere. Studien zur Sozialontologie der Gegenwart, Berlin 1965）が執拗なまでに注意を向けている。同書一四二頁参照。「他の私としての他者が私自身の『志向的変様（intentionale Modifikation）』であるのと同様に、『過ぎ去った』あるいは『来るべき現在』としての過去と未来は、現在の『志向的変様』であると言えよう。」同書一四五頁も参照。「フッサールによれば、現在は『絶対的現実』を描出する最終的な当必然性（Apodiktizität）であるのだから、脱・現在化（Ent-Gegenwärtigung）は常に私の脱力化ということにもなる。」

主観性はもはや間主観性を構成するのではなく、「脱・他者化＝疎外 Ent-Fremdung」[*89]のプロセスの中で自己自身によって転覆される主観性としての自己を経験するのである。

もう一つの点は、「他者化」への強要が他者をも包含してしまい、主観性にとっての他者としての経験的なもの（Empirie）が、自我並びに他者が「超越的な外的客体」[*90]もしくは「他の全てのものたちと同様の空間物（Raumding）としての我々自身の所与性」[*91]へと逆累乗化＝脱力化（depotenzieren）される時、この「脱・他者化」は「物象化」[*92]にまで尖鋭化してしまう危険がある、ということだ。

それゆえ、代・表象的（appräsentativ）でしかない他者の知覚において、「私」という言葉が表現としての質を喪失し、単なる指標へと貶められてしまうという外的自己知覚（一三六）のスキャンダルが反復されることになるのだ。

デリダの極めて厳密で、テクストに密着した『論理学研究』の読解は、西洋的思考の中心的カテゴリーを脱構築している点で、フッサールの直接的意図に沿いながら、そして同時にそれに抵抗する読みである。これに対してフロイトにとっては明らかに、主体の脱中心性こそが基本テーマである。

現象学と同様に精神分析もまた主体の二重の倒錯を書き留める。無論精神分析は、フッサールの哲学とは違って、結果的には地上における大地の残骸の罠に掛かることになる超越論的主体性ではなく、最初から、あらゆる地上的・経験的な苦痛の中に置かれている主体を分析の出発点にする。「否（Nein）」という所から取りかかるのである。

その誕生に際して、いやその誕生以前から既に、主体は、自らの欲望を他者の欲望としてコード化する象徴的なものの秩序の中に埋め込まれているのである。誕生の先時性（Vorzeitigkeit）という根源的かつ類特殊的な欠如のゆえに、人間的主体は極端なまでに他者を指し示している、つまり他者の欲望の客体になるよう指令されているのである。

しかし欲望されている主体並びに欲望している主体の両者は共に、自らの間主観性の論理が生じてくる第三の場、つまり言語とその象徴的秩序に関係付けられているのだ。言語は、他の主観性――他の主観性もまた同様に言語の機関（Institut）である――によっては到底なされえないような徹底的な仕方で主体を「他者化」するのである。だからこそラカンは、ランボーを

＊82　Logische Untersuchungen II / 1, p.33u. ö.

＊83　「私」はフッサール自身が認めているように、「一般的に作用する指標」allgemein wirksames Zeichen」である。（ibid., p.82.）.

＊84　Logische Untersuchungen II /p.33.

＊85　M. Theunissen: l.c., p.52.

引用しながら、主体の異質性についてのフロイトの洞察を言語学的タームによって尖鋭化した形で次のように言うことができたのだ。「私は他者である。Ich ist ein Anderer.」*93 二重の他者。子供の母親との二項関係的同一化――ラカンは方向性のないメビウスの輪になぞらえてこの関係を考えている――の後に、この他者化・合一化（vereinen）する統一体が、幼児をイマジネールなものから追い出して象徴的なものの配下に置く父（の名）に基づいて開示されたのだ。

母は父の名を近親相姦禁止の「審級」として名指すことを通して――父の名において――子供を母の直接的な欲望から卒業させ、両親の内の同性の方と同一化させるのである。このようにして、父性の「純粋なシニフィアン」の介入と共に、今や父の名によって遮蔽されるようになったものに自分は鏡像的同一化段階において既に到達していたのだと思い込む理想自我に代わって、自我理想が現れてくるのである。「幼児」から象徴的なものの秩序への移行において、ナルシスティックな誇大自我は没落していく。

誇大自我は迂回と遅延*94へと促される。母子二項関係から、主体を象徴的秩序――この秩序の極致は父の〈名（nom）／否（non）〉である――に従属させる三項関係が生まれてくる。

イマジネールなものに対する象徴的なものの優位は、主体をも支配する脱中心的な第一原理（principium）なのである。

③について。自らの現前だと思い込んできたもの、そして自らの自己性を奪われてしまった状態にある主体の脱中心性のために、意識と意義の相関関係が実体化したもの（Hypostase）の全てが座礁してしまう。

ゲーテの最良の本が既に悟っていたように、言語構造における「意識化されていない」（I/12,325）契機に直面しながらも「決意をもって mit Vorsatz」何かを言おうとするのは、誤認に基づく行為だ。

無論（自己）誤認を認識するだけでは、誤認を中和＝無害化（neutralisieren）することにはならない。中和というのは、例えばオッティーリエの日記の記載がそれに当たるだろう。

＊86 Adorno: Zur Metakritik der Erkenntnistheorie——Studien über Husserl und die phänomenologischen Antinomien; in: GS5. Frankfurt a.M.1971, p.78.

＊87 Husserl: Die Krisis der europäischen Wissenschaften und die transzendentale Phänomenologie Ⅱ, ed. M.Biemel, Husserliana Bd. Ⅳ. Den Haag 1952, p.169.

＊88 M. Theunissen: lc., p.84-92.

＊89 Husserl: Die Krisis, p.189.

彼女は、来るべき破局を思考を転倒することによって防ごうとする。「自分は自由だと宣言すれば、たったそれだけでその瞬間から自分は制約されていると感じることになる。だから敢えて自分は制約されていると宣言すれば、自由だと感じるようになるのだ。」（II/5,397）このように、巧妙に啓蒙の弁証法を避けようとする書く行為の後でも、オッティーリエはむしろ逆に、「（彼女を）操る力を得てしまった、悪意を抱く魔物」（II/17.476）の一味になっているのである。

この魔物は彼女とエドゥアルトを「自らの意に反する形で」（ibid.）話し、行動させたのである。[*95] 精神分析と現象学も既に最初から自己啓蒙的プロセスの非完結性の前兆（Zeichen）を示していたのだ。

現実の啓蒙には揺るがない土台（fundamentum inconcussum）も確実な目標もありえないのだ。師であるシャルコーの、「理論とはいいものだ、しかし理論は存在することをやめようとしない」[*96] という箴言が、精神分析の際限のなさ＝無限性（Unendlichkeit）をめぐるフロイトの考察を依然拘束し続けていたのだ。

精神分析的治療の非完結性から見ても、「エスが有ったところに、私が生じるべきである Wo Es war, soll Ich werden」という形で、主体性に信頼を寄せる精神分析的命法は既に色褪せている。ラカンはフロイトのこの有名な言い回しに対して——より困難な読みを浮上させるという意味で——目を見張るような解釈を与えている。その解釈によると、象徴的にコード化されたエスが既にいるところに、イマジネールな自我が到達すべきだ、ということになる——エスがいるところに、私が到達すべきなのだ（Da, wo Es ist, soll Ich hingelangen）[*97]。この読解は、意識の能作と超主体的意義の間の差異の根絶不可能性を念頭においたものである。

デリダは「プロンプトされた（＝背後から台詞を教えられた）パロール」[*98]の例として、志向性、意識、意義の原理的非偶然性——これらはマラルメのテクスト以降、モデルヌ（近代芸術）の優れた詩的生産力を担ってきたといってよいだろう——を挙げている。

フロイトは、「意識と記憶は互いに排除し合う」[*99]とする初期の定式において既に、西洋的主体思考の基本カテゴリー間のこうした体系的な行き違いを認めていたのである。

---

*90 Husserl: Ideen zu einer reinen Phänomenologie und phänomenologischen Philosophie Ⅱ, ed. M.Biemel, Husserliana Bd. Ⅳ. Den Haag 1952, p.188 sq.

*91 Ibid., p.161.

*92 この概念もフッサール自身が使っている。Cf. ibid., p.234.

*93 Ecris, p.118.

これに対してフッサールにとってはこの洞察は、絶対的に禁物な呪われたもの、つまりタブー――このタブーは当然のことながら、でしゃばって回帰してくることで抑圧されまいとする――であり続けたのだ。

イデアールな表現と意味の相関関係の普遍性が疑問に付されているのは、『論理学研究』の出だしにおける身振り、つまり「機械のがちゃがちゃいう音」に等しい「無意義な語り (sinnloses Sprechen)」[*100]の排除に限ったことではない。

後になって『イデーンI』も、「直観の中で in der Intuition」「原的に originär」現れてくる、「素朴に受け入れるべき」「身体的現実 leibhafte Wirklichkeit」を、重要な意味があるもの、更に言えば「原理の中の原理」[*101]と見なしている。

しかし、この身体的現実には、構成行為に遡及することが絶対に不可能な、様々の「無意義な」質が付着しているのだ。

現象学的、意識哲学的な概念性の枠組みにおいても既に、自我の超越性をサルトルの初期の理論が、意識、主観性、意義の間の特殊な差異を的確に扱うことを試みている。

非人格的もしくは前人格的な超越論的領野を自己性の前反省的、前志向的な可能性の条件として想定することによって[*102]サルトルは、自我が自己自身にとってテーマ的になり得るのはなぜなのか証明できないまま、意識と自我を常に同一視してきた意識概念のジレンマを回避したのである。

近年のフランスの理論家の中ではドゥルーズだけが、意識自体並びに後から意識の対象になるものに含まれる非措定的（athetisch）な契機を認めるサルトルの広範なテーゼを、構造主義的な意義の論理学から抜け出す「大きな重みを持った」「決定的な」一歩と評価した。[*103] ただしそれによって、解明＝啓蒙され、すっきりした主体理解に対するサルトルの貢献と、それに類似した——例えばラカン、デリダ、フーコー等の——試みの間の相互の誤解によるコミュニケーション不足を解消することはできなかった。[*104]

そういうわけで後者のテーゼは、サルトルによって具体化された前人格的な超越論的領野の内部構造の再構築への試みとして理解することができる。

デリダによるフッサールとフロイトのテクストを対比した読解は、脱中心性と差異をこの領野の原理なき原理として浮上させる。この原理なき原理の表示のために彼が造り上げた非概念が差延（différance）である。

西洋的思考の基底にあるカテゴリーの脱構築を一つの「根源的に根源を持たない」[*105]テーゼによって表すことを欲しつつも、同時に批判されたものを総合する身振りを反復せねばならない

＊94　デリダのラカン批判については cf. J.-L.Nancy/Ph. Lacoue-Labarthe, Le titre de la lettre, Paris 1973.

というパラドックスを抱えているからこそ、デリダの考察には魅力があるのだ。

彼の考察は、西洋的基本概念を、例えば現前の代わりに不在、同一性の代わりに非同一性、意識の代わりに無意識、という具合に単に逆の意味のものに言い替えるだけの単純な転倒思考が陥るアポリア[*106]の中に留まっているわけではない。

デリダはむしろ西洋的な存在・神学（Onto-Theologie）の脱構築を通して存在記号論を浮上させるのだ。存在記号論は当然のことながら、存在、時間、言語のアトピー的な交差をテーマにするというよりも、むしろ自らをその交差が遂行される舞台にするのだ。

この身振りが、デリダの近年のエクリチュールの多くに見られる秘教性の根拠なのだ。初期における彼の（まさにフッサール研究『声と現象』において典型的に演じられているような）古典的哲学テクストの脱構築的読解についての知識がなければ、秘教的な後期のテクスト[*107]はほとんど理解しがたくなる。

デリダの初期のテクストが主体性理論の古典的言説の不整合性と病魔に侵された部分を一緒にして並べているのに対し、一番新しいテクストはこの不整合性の非原理をそのままに放置しておくことを試みている。「今や、そのための言葉が花のように生じてこなければならない。[*108]」

思考と存在は一つである――フッサール、フロイト、ハイデガー以降においては、この西洋的エピステーメのパルメニデス的根本原則を、同一性理論の意味で読み解くことはもはや不可能になった。

更に言えば、既にヘーゲルの『論理学』以降、同一性というカテゴリーはそれに含まれる他律的契機を認めない限り保持しえなくなっていたのだ。

即ち、「あらゆる［自己関係的な：筆者］ものが、自らにとっての他者に自己を関係付けていとしてのみ、自己を自己自身に」関係付けることが示され得るとすれば、「あらゆるものはもっぱら、自らの非存在（Nichtsein）が有ることによってのみ有る。[*109]」ということになる。

＊95 以下の言い回しにも注意。「ここで彼女（オッティーリエ）はしばしば、本人が望んでいるよりも多くを語っているようだった。」

＊96 Zitiert bei Freud: Charcot（1893）; in: GW Bd1. Frankfurt a.M. 1960, p.24 und ders: Traumdeutung: 1.c.,p.156.

＊97 Ecrits, pp.416-420.

＊98 Die soufflierte Rede, in: Die Schrift, 1.c.,pp.259-301.

＊99 Freud an.W.Fliess am 6.12.1896.

ヘーゲルは当時、まだいかなる論理学的集合論も登場していない段階で、(主観の)自己関係性の矛盾構造を示唆していたのである。自己を思考する自我は、思考された自我それ自体としての自己を含んでいるはずである。

従って自己意識は、自己自身を要素として含んでいる全ての(意識された行為の)集合の集合として有ることになる。

矛盾構造を分析する準備を十分にしていたにもかかわらず、ヘーゲルの論理学は矛盾を、自己を解消しつつある矛盾として考えたのである。というのも彼の論理学では、矛盾論理の後に根拠論理(Grundlogik)が続き、その根拠論理というのが、「完結した自立性」[*110]としての根拠とは、根拠付けられた矛盾と、その矛盾を通しての自己主権性と思い込まれてきたものの全ての形式の破壊によって生じる真理だ、と宣言するものだからである。

矛盾を根拠付けの行為の結果として認め、それによって根拠の領域をそれ自体において矛盾のない状態に保つことを存在神学的に可能にしたヘーゲルとの対決において、ハイデガーは同一性のテロスを伴わない差異を思考したのである。「差延の定義があるとすれば、それはまさにヘーゲル的な止揚の却下、中断、破壊に関わるものだろう。」[*111]

あらゆる存在者の根底=根拠(Grund)としての存在もまた、その独特な自己自身に対する差異に基づいており、ハイデガーはそれを時間という名で表示した。「存在を差異」[*112]として考える――そのためには存在と時間の根源なき交差が必要になる。「存在の地平として（自己を開示するだけではない）の時間それ自体」[*113]ではなく、「根源的な脱自（das ursprüngliche Außersich）＝エクスタシー的なもの（das ekstatikon）としての時間性」[*114]が、存在と存在者の存在論的差異の「非・根拠（Un-grund）」でもあるのだ。

「存在と存在者の区別は時間性の時熟（Zeitigung）の中で熟成された（gezeitigt）のである。」[*115]そういうわけで、「物が世界を生み出し」、「世界が物のあることを認める」[*116]ようにする存在論的差異それ自体が、決して停止させることができない存在と時間の交差の結果なのである。

*100 Logische Untersuchungen II 1, p.67.

*101 Ideen I, 1.c., § 24

*102 Sartre: Die Transzendenz des Ego—Drei Essays, Reinbek 1964, p.8 sqq.

*103 G.Deleuze: Logique du sens. Paris 1969, p.132.

*104 このことは、サルトルが自らの最良のテーゼを繰り返し素朴な自由概念と結び付けて、その価値を下げてしまったこととも関係しているだろう。

*105 J.Derrida: Die Schrift, 1.c., p.312.

存在が時間として組成されていることこそが、「世界と物の間」[*117]を樹立して、無限の遅延に関係付ける差異なのだ。

区別（Unterschied）を浮上させるためにあらゆる同一性を遅延化するこの運動は、それによって初めて「時間に向けての存在の企投」[*118]の正しさを証明することが可能となる、矛盾を含んだ「時間の有限性」[*119]に基づいているのだ。「時間のエクスタシー＝脱自的性格は、現存在の特殊な越境的性格、超越性を、そしてそれと共に世界を可能にしているのだ。」[*120]

この差異の中に「有意味性」が根拠付けられているのだ、更に言えば、「この［差延を通して初めて始動する：筆者］関係が有る」、ということが「有意味性」[*121]で有るのだ。

ハイデガーは言語をめぐる後期の考察では、「区別 Unter-schied」の概念――無論、これは脱構築＝破壊された（de（kon）struiert）哲学的伝統の意味での「区別」概念とは異なる――によって、存在と言語は同様に一つの差異の生起（Ereignis）に基因する、という洞察に対応することを試みたのである。

「世界と物の内密さ（Innigkeit）は、間（Zwischen）という形を取った分離＝別れ（Schied）の中で現成（wesen）する、つまり別れの下＝区・別（Unter-Schied）で現成するのである。区別という言葉はここでは、通常の、使い慣れた用法から離れた意味で用いられている『区別』という言葉は今名付けているのは、様々の種類の区別を一つにまとめた類概念ではない。ここで名付けられた区・別は、唯一者としてのみ有るのである。区別は唯一的」[*122]であり、そういうわけで言語（Sprache）と語り出すこと（Sprechen）の区・別としても生起するのである。「言語は世界と物に対して生起してくる区・別として現成するのだ。」[*123] このようにハイデガーは、根拠付けられた同一性一般を思考可能にするために根拠付ける根拠としての存在と言語の主を実体化せざるをえなかった存在・神・論理学（Onto-Theologik）を「捻じ曲げ＝克服し verwindet」、結果として、もっぱら一つの差異的な出来事（Ereignis）について思考する存在記号論を浮上させたのだ。

存在が時間として組成されて有ること、そしてそのため存在と存在者の存在論的差異が時熟することは、言説的な出来事＝生起、かつ有意義性の基礎構造で有る。

---

*106 F.Wahl（Die Philosophie diesseits und jenseits des Strukturalismus; in: O.Ducrot et.al.:Einführung in den Strukturalismus. Frankfurt a.M. 1973）は、「今度は遅延（差延）が形而上学に」なってしまうかもしれない危険を指摘している。

*107 デリダ（Sporen—Die Stile Nietzsches. Venedig 1976）は、「喪失」（p.79）と、純粋な蕩尽、「贈与の一撃 coup de don」（p.89）の交差の秘教性を記号から導き出している。

*108 Hölderlin: Brot und Wein: Unemendierter Text V . Frankfurter Ausgabe Bd.6. Frankfurt a.M. 1976, p.250（v.90）.

デリダの「ほとんど中間態（訳注：ギリシア語文法における動詞の「受動態」の「能動態」の中間の形態）的な新語、差延」[*124]――この新語はやはり「通常の、慣れた用法から離れている」――は明らかに、区別というハイデガーの非・概念に方向付けられている。[*125]

無論――ちょうどフロイトによってフッサールを読んだのと同様に――ソシュールによってハイデガーを読むことで、デリダは科学主義的論証を避けようとするハイデガーの防御姿勢を突破することができるのだ。

デリダはハイデガーの賢明な主張から不純物を言語学的に除去し、そこから論証を作り出すのである。そうした操作が可能であるのはとりわけても、形而上学を克服しようとするハイデガーの試みにおいてそうであるように、ソシュールの言語理論においても「差異」がキー・タームであるからだと言えよう。

通常、シニフィアンとシニフィエの差異を出発点にする伝統的な言語哲学に対抗する形で、ソシュールはシニフィアン相互の差異が意味作用する記号の可能性の条件であることを照明できたのである。

記号の意味論的価値は「他のものではない」何かであることを示す記号の「最も特定された特徴＝指標 das bestimmteste Kennzeichen」の中から純粋に示差的に（differentiell）生じて」くる。[*126]「システムの他のメンバーに対する関係から」純粋に「否定的」にシニフィアンの輪郭が形成されてくるのであり、[127]そのようにして形成されたシニフィアンはそういう自らの事後性を「言語の中では全てが否定的である」[128]という事態の単なる産物として、そのままシニフィエに引き渡すのである。

記号価値を構成するシニフィアン相互の差異によって初めて、シニフィエとシニフィアンの差異が生み出されるのである。というのはシニフィエもまた、もはや「形態のない塊」[129]でなく、シニフィエであるためには、シニフィエ相互の示差的秩序に入らねばならないからである。しかしこれは、シニフィアンがシニフィエに対する自らの優位を証明した時に初めて生じる事

＊109 Hegel: Wissenschant der Logik Ⅱ, WW 6, p.57.

＊110 Ibid, p.69.

＊111 Derrida: Positions—Entretiens… Paris 1972, p.55.

＊112 Heidegger: Identität, 1.c., p.56.

＊113 Heidegger: Sein und Zeit, p.437.

＊114 Heidegger: Die Grundprobleme der Phänomenologie, Gesamtausgabe Ⅱ ,Abt., Bd.24. Frankfurt a. M.1975, p.377.

＊115 Ibid., p.454.

態である。シニフィエがシニフィエであるからには、「ずっとシニフィアンの位置（Position）に」[*130]いたはずである。

従って記号の実定性（Positivität）は、シニフィアンの＝意味を帯びた示差性の単なる表層構造――この構造は記号が自らの部品の一つであるシニフィアンの否定の結果であることを示している――ということになる。

こうしたシニフィエに対するシニフィアンの優位は、苛立たしいことに、シニフィアンの連鎖を構成する働きのある欠如の結果である。それを通して初めてシニフィアンの連鎖が示差的秩序へと関係付けられる欠如の名において、この連鎖は無定形で欠如的なシニフィエ領域に自らを書き込むのである。

しかし専ら記号論的な議論では、シニフィアンの差異と価値を構成する隙間をシニフィアンの間に作り出すこの欠如を把握することはほとんど無理である。[*131]この欠如はむしろ、そもそも「有意味性」というものがある限り、常に浮上して来ざるをえないものなのだ。

シニフィエよりもシニフィアンが少なく、「存在よりも言語が少ない」[*132]ことは、単にメタファーとメトニミーによってこの言語欠如を詩的に代補するよう促す[*133]動因であるばかりでなく、有意味性を可能性にする条件なのだ。

しかしこの「意味を設定する欠如」[*134]を、「主体の記号論的に還元不可能な機能」[*135]として同定することはほとんど不可能だ。というのは、シニフィアンに対する主体の特殊な事後性はその事後性を反復するだけだからである。

むしろ、存在と時間の交差の欠如は、その舞台である主体――欠如は主体に向かって自らを書き込む――に先行しているのだ。

そのためハイデガーは「死と言語の間の本質関係」[*136]という呪文をぶつぶつ呟いたのである。それは、「我々の歴史的現存在が太古より書き込まれている」前主体的・存在記号論的な「標

*116 Die Sprache, p.24.

*117 Ibid.

*118 Heidegger: Grundprobleme, 1.c.. p.397.

*119 Ibid., p.387.

*120 Ibid., p.428.

*121 Ibid., p.419.

*122 Heidegger: Die Sprache, p.25.

*123 Ibid., p.30.

題＝書き込み Inschrift」[*137] である。

『存在と時間』の傍注は「指示（Verweisung）それ自体［……］、それは存在論的に記号の土台として把握されるべきであって、それ自体が記号として把握されるべきではないだろう」[*138] と推測しているが、ハイデガーの後期のエクリチュールは、存在論的差異の時熟それ自体を有意味性として把握することを通して、この傍注の問題を『論理学研究』での指標をめぐるフッサールの考察に連結する形で、最後まで考え抜いている。

存在と時間の欠如を有意義性と主体性という賜物と考えることができるなら、「全ては過ぎ去りゆくものだ、という古くからの嘆きこそが、全ての思考の中で最も喜ばしきものになりうる」[*139] ことが、初期ロマン派における喜ばしき学問の構想以来、不可避的に、西洋的な思考強制を破壊する活動に繋がってきたのである。

かつて力を込めて主体と呼ばれていたものの現実の歴史からの排除が、まさに構成原理としての主体性を打ち出した思考強制の名の下に行われてしまったわけだから、主体性に対するこれまでで最もラディカルな批判も、事実上は西洋的言説の規則に従い、脱構築しながら主体性を救済するという意味での批判でしかありえないのだ。

しかし主体がそもそも救いうるとすれば、それはひとえに、主体が構成理論としての役割を果たすように自己に過剰な要求をせず、それによって自らを自らの手で行う仕上げ加工の対象にすることもなく、また自らを廃止しようとする原理と同一化しない場合に限られる。というのは、存在記号論的な存在と時間の交差の賜物としての現存在は、「黄色くなった石の中で微かに響く／青い花」[*140]に等しいからである。

付記：この論文はもともと一九七九年にズーアカンプ社から出された『声と現象』の訳者による序文として公刊されたもので、その後若干の修正を加えられたうえで、九二年に出されたヘーリッシュの論文集『もう一つのゲーテ時代』（ヴィルヘルム・フィンク社）に収められたものである。翻訳に当たっては後者の版を用いた。

＊124 M.Frank: Eine fundamental-semiologische Herausforderung der abendländischen Wissenschaft—Jacques Derrida; in: Philosophische Rundschau 1, 2/1977, p.12.

＊125 この点及び以下の議論については、cf. J.Derrida: Die Différance; in:Randgänge: 1.c.

＊126 Saussure: Grundfragen der allgemeinen Sprachwissenschaft. Berlin 1967,p.140.Grammatologie（p.100 sq.）におけるデリダのソシュール読解を参照。

＊127 Ibid., p.139.

＊128 Ibid., p.144.

＊129 Ibid., p.134.

＊130 Derrida: Grammatologie, p. 108.

＊131 こうした事態、及びハイデガーの存在・神学（Onto-Theologie）概念との不完全な一致は存在記号論というタームの有効性を裏付けている。W. Hamacher（Pleroma—zu Genesis und Struktur einer dialektischen Hermeneutik bei Hegel, in: G.W.F.Hegel: Der Geist des Christentums, ed. W.Hamacher. Frankfurt a.M./ Berlin/ Wien 1978）はその傑出した研究において、デリダの理論に関連して記号存在論（Semontologie）という概念を展開している（p.262）。

＊132 Foucault: Raymond Roussel. Paris 1963, p.208.

＊133 Cf. J.Derrida: La dissémination, 1.c., p.290. 文学には欠如を普遍化する働きがあり、その意味でこの欠如を代補することができる。デリダによれば、文学とは即ち「指示性のない差異」もしくは「指示対象のない指示性」である（ibid, p.234）。

＊134 M.Frank: l.C., p.13.

＊135 M. Frank: Das individuelle Allgemeine—Textstrukturierung und -interpretation nach Schleiermacher. Frankfurt.a.M. 1977, 1.c.. 73,

＊136 Heidegger: Unterwegs zur Sprache, p.215.

＊137 Ibid. p.237.

＊138 Sein und Zeit, p.83.

＊139 Novalis: Dialogen; in: Schriften Bd.2, ed. R.Samuel. Stuttgart 1965, p.667.

＊140 G.Trakl: Verklärung; in: Das dichterische Werk, ed. F.Kur. München 1972, p.67.

存在と仮象、時間と書字、現在性と不在性

リルケの『太古のアポロンのトルソー』をデリダの『グラマトロジー』で読む

ウーヴェ・C・シュタイナー

西欧でジャック・デリダについて考えると、すぐに、脱構築をめぐる論議がアカデミックな文化の本当の「衝突」へと発展しそうだった時期のことが思い起こされてくる。

余りにも激しい闘いは、小説の題材にもなるほどだった。時は七〇年代末、英国の片田舎のことである。ラミッジ大学（Rummidge: 訳注、がらくたを意味する〝rammage〟をケンブリッジ（Cambridge）にかけた名前）で英語学・英文学の大学教師の年次会議が開かれていたが、デヴィッド・ロッジのキャンパス小説『スモール・ワールド Small World』[*1]で三十頁ばかり進んだところで、センセーションが起こる。

米国からやってきたスマートな文学教授モリス・ザップ（Morris Zapp : 訳注、ザップは「粉砕する」ことを意味する〝zap〟にかけた名前）は、英国的な、つまり常識に慣らされた聴衆に、デリダから借用してきたのが余りにも明白なテクスト理論をぶつける。

小説の語り手も親愛の情を込めたアイロニーで描写しているこのザップという人物は、その当時、文学テクストは解釈し尽くすことができるのだという原解釈学的な夢から覚醒したところだった。

しかし彼はそれで諦めてしまうのではなく、やる気と才知に満ちて、自らの中心的な思想を高らかに提唱する。

それは、シニフィアンからシニフィアンへ、脱コード化から再コード化へと移動し続け、決して最終的に確定した透明性へと至ることがない無限の意味の運動だ。

これこそが初期のデリダの思想の中核であり、これによって彼は有名になると同時に悪評を受けることになり、崇拝されると同時に攻撃を受けるようになったのである。

「シニフィエは根源的かつ本質的に痕跡である、つまり、シニフィエはいつも既にシニフィアンの位置にある——これは一見すると罪のない文であるが、この文においては、ロゴス、現前、そして意識の形而上学が、自らの死、そして自らの源泉であるエクリチュールを考察=反射せざるをえなくなるのである。」[*2]デリダは、エクリチュール（書字）についての厳密な現象学を、意味の差異的構成という構造主義の原理と関係付けたのである。

一つの名辞の意味は、それと範列的・連辞的に隣接する他の名辞との境界線の画定を通して、純粋に否定的に規定される。そういうわけで意味とは、プロセス的で、揺らぎがあり、不安定

---

*1　David Lodge: Small World. An Academic Romance, London 1984. Dt. Übersetzung von Renate Orth-Guttmann: Kleine Welt. Eine akademische Romanze, Zürich 1996, S.36ff.

な出来事なのである。
エクリチュールは、意味、意義、ロゴスの媒介されて延長された現前性を指示するのではなく、自らの不在性をマーク（標示）する。デリダは通常のヒエラルキーを転倒（＝脱構築）する形で、（不在、差異、痕跡としての）エクリチュールという賓辞を、（単なる哲学的伝統という次元を越えて）西欧において精神に対する親密な近さと充溢した意義を与えられてきた語り言葉に転用したのである。意味構成のあらゆる形式は、「原エクリチュール」、「先行する外在性」、根本的な、いやむしろ根本を揺さぶる非現前性に依拠しているのである。[*3]「全てのものはそれ自体ではない。」リルケのドゥイノの第四の悲歌から取ったこの一文は、まさにデリダの思考が始まる起点をマークしている。[*4]
デリダは意味の差異的規定をめぐる記号論的理論を、存在と存在者の間の存在論的差異に関するハイデガー的な哲学素によって写し取ったのである。それ自体内において時間として組成されている存在は、「差異」として思考されねばならないのだ。[*5]
このような思想に対して、大学界の大部分は当初、ラミッジの驚愕した聴衆と同じ様な反応をした。聴衆はザップを、無理解と氷のように冷たい沈黙によって罰したのである。たった一人が発言を求めたことで、ようやくきまりの悪い沈黙が破られた。
この発言者は、ザップが理解の可能性を否定したことを非難するに留まらず、当時流行っていた遂行的自己矛盾の論証を持ち出した。ザップは、自らが否定していること、つまり記号は意味作用しており、理解は可能であることを明証的な前提としている、というわけだ。

加えて、彼、ザップが、読解することを「ごく少数のエリート＝選ばれし人だけ」が精通している＝奥義伝授された（eingeweiht）「崇高な秘儀」へと変貌させてしまった、という誹謗は更に辛辣だ。

こうした非難の仕方が、常識と理解に則ったコミュニケーションの名の下に、そうしたコミュニケーション的慣習自体を問題視するラディカルな問いに反駁する際に、手軽に使われやすい、考えなくても自動的に出てくる常套文句に堕しているのはたしかだ。

ポスト構造主義をめぐる論争にそうした例は無数にある。ただしこの文芸理論家は、反啓蒙主義という非難に対して全く潔白とはいえない。

＊2　Jacques, Derrida: De la Grammatologie, Paris 1967. Zit. n. d. dt. Übersetzung: Grammatologie, Frankfurt a. M. 1974, S.129.

＊3　Vgl. Derrida, Grammatologie, S.123f.

＊4　Rainer Maria Rilke: Sämtliche Werke, hg. vom Rilke-Archiv in Verbindung mit Ruth Sieber-Rilke besorgt durch Ernst Zinn, Frankfurt a.M.1987. Bd.I, S.699.

彼に刺激を与えたのは、具象的であると同時に強烈なインパクトのある一つの主導メタファーであり、彼はそのメタファーを援用することで、お互いに相入れない文芸的な諸理論同士を相互に対峙させることができたのである。

ザップが解釈学と存在論をエロス学と記号論へと変換したのは、当時としては不作法なことであったわけだが、取り敢えず、その彼の不作法な言葉に耳を傾けてみよう。

「読むという営み」は、最後のヴェールを脱ぎ捨てるのを拒否し続ける「ヴェール・ダンス」を観賞することに譬えられる。踊り子は、最終的にむき出しの裸になるのを絶えず延期し続けることによって、自らの神秘さと官能的魅力を保っているのである。

ヌードではなく、解いたり包んだりする戯れがダンスの美的刺激を構成しているのだ。読解もそれと同じである。「文学テクストのレトリックをはぎ取って、そのテクストが伝えようとしている裸の事実に到達しさえすればいいのだ、という解釈学的な過ち」は、失敗したストリップ・ショー（Striptease）——あるいはむしろ「悩殺（Tease）なきストリップ」と言った方がいいかもしれない——に譬えられる。

エロティシズムの魅惑は、遅延、つまり露出よりもそれを拒否することによって生じるという知識を欠いているために、最初からヌードを出してしまうストリップのことである。

超越論的なのぞき変態（Voyeur）として、テクストの本来の核へ侵入しようとする読者は、ノヴァーリスの『ザイスの弟子たち』の若者のように、そこで自分自身を見出だすだけである。

「テクストは我々の眼前でヴェールを脱ぐ、しかし決して自らを所有させようとはしない、テクストを所有しようと努力する代わりに、その魅惑の喜びに身を委ねるべきだろう。」*6

ヴェールを上げることによって、裸の事実が明るみに出てくる。しかし同時に、半透明の着物だけ身にまとった裸体という事実によって、魅惑が失われ、幻滅が生じる。神秘に満ちた核の現れは、深みに向かっていくよう巧妙に段階付けられた帳の列、言い換えれば、それ自体は全く神秘的ではなく、むしろ平凡的な表面の積み重なりによって生み出される効果である。

では、二つの世界、魅惑する前景と本来的な背景、此岸の書き割りと彼岸の背景幕が、裏のない興ざめのするファサード（正面）へと収縮してしまったら、どうなるだろうか。メタフォリカルな変形は、存在論的なパラダイム・シフトを表示する。

ヴェールは「織物＝組織 Gewebe」へと変異し、アウラを帯びた深層空間は同質的な要素の

---

*5　Martin Heidegger: Identität und Differenz, Pfullingen 81986, S.56. Vgl. Jochen Hörisch: Das Sein der Zeichen und die Zeichen des Seins.Marginalien zu Derridas Ontosemiologie, in: Jacques Derrida: Die Stimme und das Phänomen, Frankfurt a. M. 1979, S.7-50〔本書所収〕.

平板な結合へと変化する。ヴェール状の覆いの代わりに網目状の組織、厚みの代わりに透明さ、超越性の見せかけの代わりにテクスト＝繊維構造（Textur）の内在性が現れてくる。「相互に指示し合うシニフィアンの戯れ」というデリダのテーゼはまさにこの運動を指しているのだ。

この戯れは、一つの書字的意義（Schriftsinn）に固執する解釈学だけではなく、形而上学までもが終焉したことを含意しているのだ。[*7]

ロッジがモリス・ザップに述べさせているこの所見こそが、二十世紀における中心的なメタ解釈学的経験であり、記号論・テクスト論的な認識として極めて構造主義的な性質を持っていると主張したのは、ロラン・バルトであった。

「テクストとは織物である。しかし従来この織物が、その背後に——多かれ少なかれ隠れた形で——意義（真理）を潜めている仕上がったヴェールとして把握されてきたのに対し、我々はこれからこの織物についての生成的イメージを強調することにしよう。つまり、テクストは絶え間ない編みを通して生成し、自己を加工するのである。主体は、この織物＝テクストの中へと没頭することによって、自らの網を構築するための分泌物の中に自らを溶かし出していく蜘蛛のように、自己解体するのである。」[*8]

ヴェールと密接に結び付いた織物のメタファーが、存在と（諸）意味、存在論と記号を結び付ける絶対的メタファー[*9]になったのは、何も構造主義的ブーム以降のことではない。このようにデリダの思考は、存在それ自体を暗示的あるいは明示的に、常にテクスト＝織維構造として把握してきた長い伝統をクライマックスに至らしめるものと言えよう。*10

II

以下の極めて断片的な考察は、存在と意味の間の抗争に巻き込まれている、積分的もしくは微分的なカテゴリー、あるいはメタファーとしてのテクスト＝織維構造に対する問いを、具体例に即して検討することを試みたものである。

ここでは、「同時性 Gleichzeitigkeit」の問題と、この問題がいわゆる美的経験、詩的テクストの経験において占める位置付けに絞って議論を進めていく。その端緒になるのは、リルケの最も有名な詩の一つである。

この詩の読解は常に新たな驚きを呼び起こすが、その驚きは、エクリチュールにおいて範列

＊6 David Lodge, Small World, S.36ff, Zitate S.39f, S.41.

＊7 Jacques Derrida, Grammatologie, Frankfurt a. M. 1974, S.17.

的に明らかになる同時性という風変わりな現象がそもそも可能である、ということに対する驚きである。

同時性とは、現在＝現前（gegenwärtig）であると共に差異的性質を持つ痕跡の中での、不在のもの（das Abwesende）もしくは過ぎ去ったもの（das Vergangene）の現前性（Präsenz）である。

デリダの差異の哲学に対して理念型的に対照的な位置にあるのは、ハンス＝ゲオルク・ガダマーの解釈学だと言えよう。彼の解釈学は、現前性の形而上学に依拠しているという非難を受けてきた。

既に『真理と方法』において、美的存在の「無時間性」という一般化した決まり文句に対して、芸術作品の時間的な現われ方の現象学が対置されているにもかかわらず、そのような非難を受けているのである。

芸術作品の存在は、その描出（Darstellung）、つまりそれが構成されるプロセスから引き離すことはできない。ガダマーはこのプロセスを「戯れ Spiel」と呼んでいる。（WuM 107ff: 127）[*11] 当時デリダが既にこの言葉を、意味構成の差異的なプロセスを表すものとして使用していたことを想起しよう。

しかしデリダと違ってガダマーは、差異の指標ではなく、いわば「二重化された」現前性を強調する。戯れは慣習的な日常的現実を宙吊りにすることによって、戯れる者＝遊戯者（Spieler）をその内へと没頭させる特殊な実在性のようなものを産み出すのである。

戯れは「第一の世界」の傍らに「第二の世界」を打立てる。あるいはより適切には、「第一の世界」の中に打立てる、と言う方がいいかもしれない。というのは、「第一の世界」の継続的実在が「第二の世界」の前提になっているはずだからだ。

このようにして、戯れの世界、芸術作品の世界は、「第一の世界」に対して、「同時性」の関係に立つ。（WuM 132）その場合の「同時性」とは、時系列的な流れの中での同時的出現（Simultaneität）を指しているわけではなく、むしろ、その間に時間的差異が開示している（少なくとも）二つの地平の統合を意味する。

---

*8 Roland Barthes, Die Lust am Text, Frankfurt a. M. 1974, S.94.

*9 Hans Blumenberg: Paradigmen zu einer Metaphorologie（1960）, Frankfurt,a. M. 1998.

*10 ドイツ語圏の文学におけるヴェール・モチーフの歴史については以下も参照。vgl. Kamio Tatsuyuki: Gegen die Lehre der Wahrheit. Zur Schleiersymbolik nach der Aufklärung, in: Waseda-Blätter, hg.v. Germanistischen Gesellschaft der Universität Waseda, 3/1996, S.24. 44.

より正確に言えば、あらゆる芸術作品の受容は、読者、観察者、受容者、解釈者の現在（Gegenwart）と、（文芸的な）芸術作品の過ぎ去ってしまって、今、再現前化されている（vergegenwärtigt）意義との一致を創出するのである。

「ここでいう『同時性』とは、私たちに対して自己を描出する唯一的なものが、たとえその根源が遠く隔たっていたとしても、その描出において充溢した現前を獲得することを意味する。従って同時性は、意識の内での所与の事実ではなく、意識にとっての課題、意識がこれから成し遂げるべき営みなのである。」（WuM 132）

このような形で「同時性」を形式化し、差異の統一体として把握することができる。言い換えれば、現在性（Anwesenheit）と不在性（+Abwesenheit）の統一体、無矛盾性という厳密に論理学的な概念に従えば排除されるはずのものの――潜在的に逆説性を帯びた――統一体として、ということである。

解釈学的な行為においては、同時に（zugleich）、そして同じ視点の下に、相互に矛盾し合う相関物、現在的なものと過ぎ去ったもの、現在するものと不在のものが引き合わせられるのである。

何が現在するものとして、何が不在のものとして性格付けられるかは一義的に決定されるわけではなく、まさに解釈学的なパースペクティヴの問題である。

芸術作品の中でシミュレートされ、戯れの性質を帯びている「第二の世界」が、戯れている者にとっては現在しているかもしれないし、「本来の」、「実在的な」世界は、アクチュアルでないという意味で不在であるかもしれない。

しかもそうした状態は期限付きである。従って芸術として有る「戯れ」は、形式の内部における現在性／不在性のブレ、境界線を越えての往復活動として把握することができる。

現前性と不在性の同時性という逆説。この逆説はまさに、古から哲学が時間概念に関して抱えてきた困難を示している。既にアリストテレスとアウグスティヌス等による時間についての古代的省察が、時間を今の点（Jetzt-Punkt）の総計として考える際に生じるアポリアを呈示している。

むしろ、あらゆる時点の中にその非存在が、あらゆる今の中に非・今（Nicht-Jetzt）が同時に（*gleichzeitig*）含まれていると考えるべきだろう。そしてこの関係は「実在的 real」に成立しているはずだ。

＊11　Hans-Georg Gadamer, Gesammelte Werke, Bd.I: Wahrheit und Methode. Grundzüge einer philosophischen Hermeneutik, Tübingen ^{6}1990. 以下同書からの引用は、本文中ＷｕＭと略記する。

なぜなら、そうでないとすれば、時間の経験ばかりでなく、経験そのものが不可能になってしまうからである。[*12] このように時間とは、「直接的な統一性の内に、絶対的かつ純粋に対定立されたものを有する、というまさにこの矛盾なのである。[*13]」

論理学が挫折してしまうこの地点において、神学は、概念的に思考できないものを、少なくとも象徴化することに成功する。不在のもののエピファニー（顕現）。そしてその神学が歴史的に挫折し、近現代の浸蝕プロセスの中で信頼性を喪失する地点において、半ば世俗化しているものの、一方では神学モデルの聖なるアウラを依然継承している審級としての、美的経験と解釈学的再所有化が突破口になるのである。

従ってガダマーが、概念史における中心的な参照項としてキルケゴールを引き合いに出しているのは偶然ではない。「キルケゴールにおいては『同時に gleichzeitig』というのは、同じ時間に存在すること（Zugleichsein）ではなく、信仰者に与えられた課題を定式化する表現である。その課題とは、同時間内に存在することのないもの、即ち、自らの現在＝現前とキリストの救済の行為とを、全面的に仲介し、後者が（その当時（Damals）という距離によって隔てられたものとしてではなく）現在的なもの＝現前するものとして経験され、真摯に受け止められるようにすることである。」これに対して美的再現前化の場合、この「『同時性』と共に与えられた課題」が覆い隠される、というのがガダマーの見解だ。（WuM 132）無論これには疑問の余地がある。

デリダのエクリチュール哲学を使えば、美的な、そして解釈学的な再現前化のプロセスにも――むしろ〝とりわけこのプロセスに〟と言うべきかもしれない――「全面的な」仲介を、言い換えれば、現在性が余すことなく不在性へと吸収されること（及びその逆を）許容しない体系的に不可避な断絶が内在することが、容易に示せるだろう。

このテーゼを説得力のあるものにするには、まずもって、解釈学的あるいは美的な代・表象＝現前化（Appräsentation）という特殊なプロセスを詳細に吟味しなければならない。

＊12 Georg Franck, "Die Zetiliche Differenz von Natur und Geist", in: Merkur 10/11 1990, S.927-938, hier S.931.「同じ方向を目指している作用の中に、今と非・今が共在している可能性は、本当のところ排除できない。もしそれが排除されるとすれば、未来と過去だけではなく、私たちが変化と運動として知覚しているものまでが、幻想ということになるだろう。そうなれば、現に現前しているものを、未だに現前していないもの、あるいはもはや現前していないものと比較することは全く不可能であろう。連続的な変化という印象に代わって、永久なる静止の印象になるだろう。なぜならそれは、まさに厳密に今有るものについての、ばらばらに孤立した印象になってしまうからである。」

＊13 G.W.F.Hegel, Jenaer Systementwürfe Ⅲ, Hamburg 1987, S.12.

初めに、同時性という現象が明らかにエクリチュール（あるいは他の、例えば画像的再現前化メディア）と結び付いているという点から話しを始めよう。この文脈でガダマーは、一つのはっきり規定されたエクリチュール概念を前提に議論している。

これについては、デリダの「音声中心主義」に対する非難が当てはまるだろう。話者の「生き生きした現前」の下での意義の現前性、言い換えれば、精神に対する声の絶対的な近さという形而上学的幻想である。[*14]

解釈学もまた、読まれた――それがいかに異なった仕方で理解されるにせよ――意義の現前性という公理を、つまり「書字的な伝達は、解読され読まれるや否や（……）純粋な精神となり、あたかも現前しているかのように私たちに語りかける」、エクリチュールの中では「空間と時間が止揚され（たように見え）」、「過去の純粋な現在＝現前」が完遂されるというテーゼを擁護している。（WuM 169）しかしどのようにしてそうした事態が生じるのだろうか。

同時性は明らかにその第一歩において、一種の時間の空間化と共に生起する。というのは、同じ時間の中に存在するという表象は、「時間と空間の連携を通して初めて」生じてくるからである。[*15]

こうした連関の中で、リルケの『新詩集』における空間・事物固定化を把握することができるだろう。この固定化は、エクリチュール性の危機と表裏一体になった、根本的な、もしくは全ての根本を解体する時間性の経験の危機を背景に生じるのである。[*16]

では、我々のテーマである意識の再現前化作用は正確にはどこで成立しているのだろうか。第一に、特殊な、エクリチュールに内在する区別を始動させることにおいて成立する、と言えるだろう。エクリチュールという形は、現在性と不在性の総合として、同時性の形式を産出するのである。

それが可能になるのは、時間とエクリチュールが、特殊な、深層における構造的同一性に基づいて相互に収斂しているからである。

現在性と不在性の同時性という形式は、時間の構造ばかりではなく、エクリチュールの構造をも示している。[*17] 時間とエクリチュールの間には内密な関係が存在しているが、この関係は例えば、記録メディアとしてのエクリチュールが時間に対置され、書き留められたものを忘却から救い出している、というようなこととしてのみ把握されるべきではない。

むしろ時間とエクリチュールは双方とも、現在性と不在性を区別すると同時に、相互に関係付ける役割を果たしている。（少なくともアルファベット・エクリチュールとしての）

＊14　Vgl. Jacques Derrida, Die Simme und das Phänomen, a.a.O., passim, Grammatologie, a.a.O., S.33ff, passim.

エクリチュールは、感性的に与えられたもの、つまり文字的な実体とその「理念内実Ideengehalt」の同時性を意味する。

従って、読むことと書くことは、潜在的に逆説的な事象である。「そこに私はいるが、同時に全く別のところにいる、と感じられる。それを作り上げている言葉、死んだ文字の二つの列を目にするが、それ自体はほとんど把握できない。」[*18] エクリチュールとの交わりを通して、人は不断に現在性と不在性の差異と関わり、形式の両側面の間を運動し、絶え間なくエクリチュールの逆説を脱逆説化している。

このように書き手及び読み手は、特殊なプロセスに巻き込まれているわけだが、そのプロセスをここでは、「エクリチュールの時間」と表現することにしよう。

言語の二次コード化として線形的に進行するエクリチュールは、空間的に表象された複合的シニフィエを、記号連鎖の連なりへと移し替える。

エクリチュールとはある意味で、充溢（同時に与えられたものの超複合性）から連続への移行である。そして、それを通して時間が放出されるのである。

従って美的あるいは解釈学的に仲介＝媒介（vermitteln）された同時性は、基本的に、現在性と不在性という区別の統一性として理解することができる。この区別を歴史の中で本格的に意識化させたのは、エクリチュールである。

しかし区別の統一性は常に、統一性に区別が含まれることをも暗示しているわけである。読解が成功する理想的なケースにおいては、エクリチュールは、不在性が現在性の内へと取り込まれることを意味するが、それは別の側面から見れば、感性的に確実な現在の排除、別の言い方をすれば、現在性が不在性へと取り込まれることでもある。

この両義性は、エクリチュールの逆説（現前性と不在性の同時性）に対する二つの対照的な、同時あるいは相補的な関わり方を示している。というのは、人は逆説の下に留まることができないからだ。

＊15 Arthur Schopenhauer, Über die vierfache Wurzel des Satzes vom zureichenden Grunde, Werke in fünf Bänden, hrsg. v. Ludger Lütkehaus, Zürich 1988, Bd Ⅲ .S.41.

＊16 Vgl. Uwe C.Steiner, Die Zeit der Schrift. Die Krise der Schrift und die Vergänglichkeit der Gleichnisse bei Hoffmannsthal und in Rilkes "Die Aufzeichnungen des Malte Laurids Brigge", München 1996.

＊17 Vgl. Niklas Luhmann, Die Form der Schrift, in: Hans Ulrich Gumbrecht, Karl Ludwig Pfeiffer (Hgg.): Schrift, München 1993,349-366. ルーマンは、根底的な、エクリチュールを構成する区別を、当然のことながら口語的並びに書字的なコミュニケーションに起因するものとしている。

しかし逆説からは、これからどのように進んでいくべきか正しく推論することはできない。とりわけ、区別の一方を、例えばエクリチュールの字面を現在性として、記号化された内実を不在のものとして理解すべきか否かを推理することはできない。

経験においては、感性的なものが所与のものとして、意味が不在のものとして呈示される。しかし経験は、感性的な存在の多彩な表面をも逃げ去るものとして経験し、不在性へと委ねてしまい、それに代わって叡知的な意義を恒常的かつ現在しているものとして見出だすのである。

まさにこの文脈において「解釈学」が何を意味するかが明らかになる。解釈学の中核的な知見においては、「存在の意義」とは、解釈された事物（Deutungssache）である。それは無論、歴史的に条件付けられ、分散化する傾向をもつ諸解釈から生まれる事物である。

この点に、とりわけてもハイデガーの中心的な思考モチーフが潜んでいる。時間の逆説、現在性と不在性の同時性は、「現在の解釈 Deutung der Gegenwart」を行うことを強要する。「現在の解釈」においては、この逆説的な構造を、現在性として解釈すべきか、不在性として解釈すべきか、今こそブレがないように決定しなければならないのだ。

我々としては、区別の統一性を強調する解釈を「解釈学 Hermeneutik」と呼び、あらゆる統一性の中に区別を見出そうとする解釈を「脱構築 Dekonstruktion」と呼ぶことにしよう。

ここで理念型的にマークした両極を、これからリルケの最も有名な詩の一つに即して呈示していこう。その中で、全体的な仲介という主張の相対化と共に、それと同程度に重点を置いて、不在性の絶対化の相対化を狙上にのせていこう。

III

「現前性の形而上学」が何を意味するかは、リルケ解釈の極めて制約された伝統に即して、具体的に示すことができる。

自然科学的で「俗な vulgär」、あるいは破壊的で、歴史的に退落した時間の非本来性から、芸術作品、とりわけても成功した詩の本来の「全き heil」時間性を際立たせようとする際に、彼の作品の解釈はいつも好んで引き合いに出されてきた。

文学は、階層の高い時間秩序、つまり「高度の同時性」を意味すると共に「過ぎ去りゆく時間の問題に最終的な解答」を与えるであろう「時間の充溢」へのカギになるのだ。[*19] ここで著者自身を引き合いに出すこともできないわけではない。「物は規定されている。芸術・物(Kunst-Ding)はより一層規定されているはずだ。あらゆる偶然から遠ざけられ、あらゆる不明瞭さを取り除かれ、時間から引き離されて、空間に委ねられながら、持続的に生成してきたのだ。[*20]」

ただし私のリルケ読解は、「現前性の形而上学」からだけではなく、ポスト構造主義的な差異の正統性からも距離を取った解釈に説得力を与えようとするものである。リルケの詩はあらゆる現前性の形而上学に対して不在のもののいわば非実在的、仮象的な現在性を対置する。

しかしリルケはまたその逆に、差異の形而上学をも回避しようとする。原理へと格上げされてしまうと、差異は不可避的に、弁証法的に反転する。差異から同一性が生じるのだ。差異の理論が主張するであろうように、現前性は仮象的なものとして組成されているのかもしれない。しかしリルケは、仮象が無ではないことを知っている。

不在において限界に突き当たるわけである。リルケは、現前性の美学を定式化する。『新詩集』の第二部の冒頭にあり、オーギュスト・ロダンに捧げられている有名な『太古のアポロンのトルソー』は、自己反省的な詩である。

そのテーマは、美的仮象と、その仮象の中で――仮象的に――構成される同時性、つまり断片化されたモデルネ（近代）とトルソーの中で（恐らく）接近可能になる前歴史的な全体性の経験の同時性である。

詩が興味深いものとして現れてくるのは、詩が美的経験を、神学的経験の機能的等価物として持ち出してくるからでもある。

言い換えれば、詩が神々のエピファニーを芸術作品、とりわけても詩的に形成された作品の知覚に特有のアウラで置き換えるからである。

『太古のアポロンのトルソー』はある意味で、超越する神ではなく、内在性の中に留まり続ける芸術宗教を正当化しようとする、美的な神の証明であると言えよう。

ARCHAÏSCHER TORSO APOLLOS

Wir kannten nicht sein unerhörtes Haupt,

＊18 Hugo von Hofmannsthal, Unterhaltung über die Schriften von Gottfried Keller, in: Sämtliche Werke. Kritische Ausgabe in siebenunddreißig Bänden, veranstaltet vom Freien Deutschen Hochstift, hrsg. von Rudolf Hirsch, Clemens Köttelwesch, Christoph Perels. Heinz Rölleke, Ernst Zinn, x x I, hrsg. v. Ellen Ritter, Frankfurt a. M. 1991, S.101.

＊19 Beda Alleann, Zeit und Figur beim späten Rilke, Pfullingen 1961,S.25, S.27.

＊20 Rilke am 8.August 1903 an Lou von Salomé, Briefwechsel, hg. von Ernst Pfeiffer, Zürich, Wiesbaden 1952, S.84.

darin die Augenäpfel reiften. Aber
sein Torso glüht noch wie ein Kandelaber,
in dem sein Schauen, nur zurückgeschraubt,

sich hält und glänzt. Sonst könnte nicht der Bug
der Brust dich blenden, und im leisen Drehen
der Lenden könnte nicht ein Lächeln gehen
zu jener Mitte, die die Zeugung trug.

Sonst stünde dieser Stein entstellt und kurz
unter der Schultern durchsichtigem Sturz
und flimmerte nicht so wie Raubtierfelle;

und bräche nicht aus allen seinen Rändern
aus wie ein Stern: denn da ist keine Stelle,
die dich nicht sieht. Du mußt dein Leben ändern.

太古のアポロンのトルソー

私たちは彼の前代未聞の頭部を知らなかった。
その中では林檎の眼が熟れていた。しかし
彼のトルソーは今も飾り燭台のように燃えている、
そこには、彼の視線が、ねじ戻されただけの状態で、

留まり、輝いている。さもなければ、胸の舳先が
君の目をくらますことはなかろう、そして腰の静かな
ひねりの中に微笑みが、生殖を支えてきた
あの中心に向かっていくことは有り得ないだろう。

さもなければ、この石は醜く歪み、肩のところが
透明になっているまぐさのすぐ下に佇んだまま、
猛獣の毛皮のようにちらちら光ることもないだろう、

そしてその縁の全てから、一つの星のように
湧き出ることはないだろう。なぜなら、そこには君を
見つめていない
箇所がないのだから。君は君の生を変えねばならない。[*21]

この詩はまず第一に、注20で引用したルー・フォン・ザロメへの手紙に対応しているように見える。つまりこの詩は、日常意識において一般化している現在性と不在性の関係を逆転しているのである。

存在者として手元に有るもの、即ち、知覚し得るもの(物質的オブジェとしての彫像、石、輝き)が非現実の接続法で描写されている。それに対して仮説的なもの、仮象、関係的な、特に非物質的な存在、とりわけても不在の頭部から発する架空の視線は、直接法で描写されている。

客観的に分析すれば、「〜でない nicht という言葉が、ソネット全体の中で一番頻繁に使用されている語であることが目に止まるだろう。この十四行の中でとにかく六回登場しており、おかげで冠詞の頻度さえも上回っている。

従ってリルケは、存在者として手元にあるものを接続法・非現実化する一方で、仮象に必当

然的（apodiktisch）な確実性を付与する非存在者の美的存在論を構想した、と推理できるだろう。

これと同じ構造が、時制をよく計算した構成の中に反映されており、またこのような仕方で、存在と仮象の関係という美的な問題が、時間の問題であることが明らかになるのである。

詩は未完了過去形（Imperfekt）で始まっており、それによって、その断片性ゆえに未完成（imperfekt）なトルソーの状態を喚起する。語りが美的仮象へと到達するまさにその瞬間に、必当然的な、現在形で描写される叙述文が続くのである。言わば、否定から肯定性が導き出されてくるのだ。

というのはこれ以降の流れでは、文法的構造における非現実の接続法は、詩としては明らかに尋常ではない、論証文であるかのような「さもなければ sonst」の誇示の仕方に由来しているからである。最後まで進んでいくと、この論証的な連鎖は、非現実から実在性へ、仮象から存在へと繋がっているかのように信じさせるよう作用する。今一度繋辞に媒介される形で、必当然的に一つの存在が叙述される（「そこには～箇所がない daistkeineStelle....」）。最後の非常

＊21 Rainer Maria Rilke, Sämtliche Werke in sechs Bänden, hg. Ernst Zinn, Frankfurt a.M. 1987, Bd. I, S.557.

に謎めいた文は、文法的にではなく、意味論的に未来形になっている。

このように、詩の時制構造は、時間の全体的構成と法性（Modalität）の全領域を支配しようとする要求を貫徹しているように見える。

とりわけそういうわけで、美的に産出されたエピファニー、パルーシア（充溢）によって生み出される場があるのだが、それは例えばアポロンのエピファニーということではなく、遥か彼方のものを射当てるミューズ神を描出する（前歴史的な）芸術作品のエピファニーである。言わば「メビウスの輪」[*22]のように、詩は自己自身へと帰還していく。それは、自らの対象、描出するものを、もはや「口実」としてしか必要としない芸術についての芸術である。[*23]

とりわけても重要なのは、詩が、非同時性の同時性の構造を創り出すために、問題になっている伝統的な仮象概念を明示的に名指すことこそしていないが、多くのメタファー、同意語、暗示によって、常に改めて喚起している、という所見である。この所見には、詩全体の中で効力を発揮している、少なくとも三つの要素が含まれていると言えよう。[*24]

①「仮象 Schein」は、極めて明白な意味において感性的知覚に関わっている。光は輝き（scheint）、反射＝反省され、それによって目に見えるようになる。この視点において、知覚に関連して彫像の石に帰属せしめられている、輝き（Glanz）とちらちらする光（Flimmern）を理解すべきだろう。

②しかし「仮象」はまた、とりわけ存在論的な意味構成要素を持っており、「現象 phainomenon」という意味での「現れ Erscheinen」と共に、本質的な核とは区別されるものとしての「幻影 illusio」、偽りの見せかけ（der trügerische Schein）をも指しているのである。

③①②双方の構成要素が最終的には、美的仮象という概念へと収束していく。

「こうした意味の陰影を詩の中で相互に対応させることはできるのだろうか。仮象概念の多義性に起因する種々の読み方は、一つの熱い核へと結集するのだろうか。

解釈学的レンズによって、それらを詩的・詩学的焦点へと収束させることはできるのだろうか。詩の対象であるトルソーは、明らかに、単に遠いというだけでなく、最も遠く隔たった根源に由来する。

ガダマーの定式を使って言えば、トルソーは「その描出において完全な現前」（WuM 132）を獲得しているのだろうか。

私のテーゼでは、これら全ての区別の統一性は、詩によって全く名指されていないにもかか

---

*22　この概念については以下を参照:Douglas R.Hofstadter, Gödel, Escher, Bach, Ein Endloses Geflochtenes Band, Stuttgart 1985, S.728ff.

わらず、詩の中で絶えずパラフレーズされている一つのメタファーの内にある。それは、詩全体の構造を形成しながら、言わば「残留的な residual」背景メタファー[*25]として詩の根底を流れる織物のメタファーである。

これによって我々は再び、ロッジによるデリダの物語風のパラフレーズ、そして構造主義もしくはポスト構造主義的な織物のメタファーへと戻ってきたことになる。

あらゆる美的に完成したオブジェにおいてそうであるように、トルソーにおいても、あらゆる箇所が他のあらゆる箇所に関係している。他のあらゆるものと「網目状に結合 vernetzt」していない指標は一切ない。

既にヘーゲルは芸術について、「芸術は可視的な表面の全ての点において、あらゆる形象を、魂の居場所であり、精神を現象させる目へと変化させる」[*26]と主張していた。

まさに織物の密な網目状の結合によって、物質的な表面は透明な印象を与え、精神をちらつかせるのである。

そういうわけで、差異的に網目状に結合した「織物」としてのエクリチュールと、現在性と共に不在性を呼び寄せる太古のアポロンとの間に、メタファー的な等価性があるのだ。

とりわけ断片化し、伝達回路が損なわれた構成のためにそうした等価性が成立しているといえよう。

欠落している頭部は、いわば代補的（supplementär）に――「代補」はデリダのエクリチュール哲学の中核概念である[*27]――残骸の完成の内に表象＝再現前化される。残骸の内に「彼の視線」は「留まり」、「輝いている」。ここで詩の中で顕在化している主導メタファー系をもう一度観察すると、差異の絶対化に対するリルケ流の差異が見えてくる。つまり網目状の結合もしくは織物という残留的メタファーは、顕在化していないという点ではこれと同様であるが、しかしこれよりもはるかにはっきりと喚起される鏡のメタファーへと変換されている。観察者を見ていない箇所はないのだ。

＊23　vgl. Anthony R.Stephens, Rilkes 'Malte Laurids Brigge'. Strukturanalyse des erzählerischen Bewußtseins, Bern und Frankfurt a. M, 1974, Kapitel 5. Beda Allemann, Einleitung zu Rilke, Werke, Auswahlausgabe in sechs Bänden, Bd.l, Frankfurt a. M.21986, S.X II f.

＊24　これについては、メーリケの『ランプの上へ』に関して、特に「しかし美しいものは、それ自身の内で至福であるように見える。Was aber schön ist, selig scheint es in ihm selbst.」の解釈をめぐって火がついたマルティン・ハイデガーとエミール・シュタイガーの間の古典的な論争を参照。"Vgl. Eduard Mörike, Sämtliche Gedichte, hg. Herbert G.Göpfert, München, Wien 1977, S.85. Emil Staiger, Zu einem Vers von Mörike. Ein Briefwechsel mit Martin Heidegger, in: Trivium 9 (1951), S.1-16.

織物から鏡への移行の内に、示差＝微分性（Differnzialität）から現前性への変化が反映されている。仮象は無ではない。芸術作品は、リルケの愛用する言葉を使って言えば、「実在的な現前」の形式を「成し遂げる」のだ。

しかしそれも一時的なことである。不在性から現在性への運動は決して静止することがない。詩が、立像の強固な身体を動的なカテゴリーによって描写していることに留意しよう。「胸の舳先」と「腰」のひねりの運動について語られている（上記の引用を参照）。

視覚的領域と言語的領域の間での運動、交替についても似たようなことが言える。トルソーが頭部と共に言語能力を奪われており、主に視覚的概念と表象によってトルソーが記述されている点から見て、この詩は、言語というディメンションを芸術的オブジェに接近させ、それによってこのオブジェに欠けているものを補完しているように見える。*28

ファロスがないことによって、立像にはとりわけても「中心」が欠けている。言語不能は生殖不能と相関関係にあり、ロゴス・スペルマティコス（Logos spermatikos: 精子的ロゴス）はオブジェから放出されるわけではなく、解釈的な観察において付け足されねばならないのだ。

加えて、この詩はテーマ的にだけではなく、問題史的な視点からも、ピグマリオン神話、及びこの神話についての内容豊富な素材史を背景にしたものとして位置付けることができる。

ただしこの神話自体は、ヴィーナスの神的介入のおかげで、芸術的オブジェという仮象から存在への移行が完遂される様を描いたものだが、リルケの詩はそうではない。

仮象は仮象に留まる。そして仮象がどの程度まで存在の中で作用を及ぼし得るかという問いは、材料のレベルで詳細に規定されておらず、そのため詩の残りの部分とどう関係しているのか一義的に判定できない要求(「君は君の生を変えねばならない。」)に委ねられたままになっている。

つまり疑問として残るのは、誰がこうした命令的な口調でこの要求を発しているのかということ、そしてとりわけ、この要求は誰に聞かれるのか、また聞き届けられるのかということである。

トルソーの頭部が「前代未聞である=聞き届けられたことがない unerhört」という表現は単に、トルソーの内に異常なまでに完成した形態の芸術的オブジェがあるという意味でのみ使われているわけではない。とどのつまり、トルソーは人に見られていないのだ。むしろ、トル

＊25 この概念については以下を参照 :Hans Blumenberg, Paradigmen zu einer Metaphorologie (1960), Frankfurt a.M. 1998.

＊26 G.W.F.Hegel: Vorlesungen über die Ästhetik. Werke, hgg. V.E.Moldenhauer u. K.M. Michel, Frankfurt a. M. 1986, Bd. 13, S.203.

＊27 Val. Derrida, Grammatologie, a.a.O., S.244ff.

ソーはそもそも人に知られることがなかったのだ。欠けている器官が「前代未聞」だというのは、とりわけても、このトルソーから発せられる要求、頼み、懇願にはいかなる帰結をもたらされていない、ということである。

従って、我々がここまで輪郭を描いてきた解釈の可能性に即して言えば、この詩においては、欠けている頭のメッセージあるいは要求が聞き届けられねばならないのだ。詩は欠けているものを補い、断片化状態を言語的、詩的に克服することを通して、聖なるオブジェの作用を継承する。

そしてオブジェの過去と観察者の現在を美的仮象の同時性へと結合することで、過去をアクチュアルにするのだ。したがってリルケの芸術宗教は、宗教と神学の後を継ぐわけである。

無論この宗教の理想は、それに向かってもっぱら漸近的に、無限のプロセスにおいて接近し続けるだけの実践的な命法の中でしか現実化しないであろう、という留保付きである。

しかし疑問なのは、これが本当に、詩、そして詩に暗示された詩学の求めていることだろうかという点である。詩とは、既に述べたように、自らの対象、自らの口実について語るだけではなく、自己自身についても語るものである。

美的仮象をテーマにしているこのソネットでは、とりわけ、仮象を産出する言語的技術としてのメタファー系が扱われている。

言語の文学的使用において真に詩的なものは何かという問いに対する、ごく一般的ではあるが、説得力のある解答とは、周知のように、詩的言語は自己自身との関わりを扱っている、というものだ。選択の軸を結合の軸の上で複製することを通して自己と関わっているわけである。詩的言語は、自己自身を二重化することを通して自己を反省＝反射する。[*29] そして二行目ですぐに、顕著な二重化に遭遇する。

慣習化している「林檎の眼」というメタファーが重要な役割を帯びて現われており、そのすぐ後に続く「熟れていた」というメタファーで言語的に完遂され、それによって反射＝反省される。メタファーは、（不在の）石が植物的な生へと移行する、という仮象を産み出し、この仮象を反射＝反省するのだ。

ヘーゲルの本質論理学は、仮象概念を反省概念と密に連関させて展開した。[*30] それと同様にリルケのメタファー系もまた、（美的）仮象の中に、本質に対する直接的なアクセス、王道を発

＊28　以下の記述との関連で、ゲルハルト・カイザーの解釈を参照せよ。Gerhard Kaiser, Geschichte der deutschen Lyrik von Heine bis zur Gegenwart. Ein Grundriß in Interpretationen, Frankfurt a.M. 1991, Zweiter Teil, S.635-647. ここからの記述は、カイザーの解釈と対照的な形で展開してゆく。

見しようとしているように見える。
この要求は貫かれるだろうか。これに続く二つの行によって引き起こされる苛立ちについて注意が向けられたこともあるが、重要な意味を持つこととして受け止められたことはなかった。[*31]
非常に苛々させる仕方で現れてくるのは、（興味深いことにメタファー（隠喩）としてではなく、「ように wie」という不変化詞と共に直揄として導入されている）燭台と「ねじ戻された」という述語の硬い接合（harte Fügung）である。
一見全ては、喚起された聖なる領域における通常の軌道を進んでいるように見える。燭台(Kandelaber）は、蝋燭あるいは薫香の皿を支え、礼拝の目的に使用される柱状の道具である。
加えて「輝く」、「きらきら輝く」を意味するラテン語の「candere」から派生したこの名称は、詩全体に広がっている光と仮象の意味系列に連なっている。
しかし「ねじ戻された」という表現は、それとは全く異なる意味領域に由来する。この表現は、螺旋式の調節機構によって、オイルあるいはガス・ランプの火を落とす装置を特徴付けている。[*32]
しかしそうした調整装置を持ったオイル・ランプが技術的に可能になったのは、ようやく十八世紀になってからのことである。日常化したのは十九世紀になってからである。[*33]
ただしオイル照明ではなくて、これと同様に十九世紀に入ってから普及した（因みに同様にねじ調節装置の付いている）ガス照明を解釈の上で計算に入れれば、更に緊迫した展開になる。というのは、シヴェルブッシュが述べているように、ガス照明のおかげで、よく知られている技術批判のお決まりの形式が発生＝発火（sich entzünden）したのである。ルートヴィッヒ・ベルネは、後の世代は、慣れない人工的光の明るさのおかげで失明するのではないかと心配した。人々は疑念を抱きながらも、自分たちが太陽の横に人工の対応物を並置し、それによって自然をより一層無力化し始めたことを悟ったのである。とりわけ、ガス照明を介して神話的、哲学的、そして宗教的モチーフが技術的な現実になりつつあるように思えてきたことに唖然とした。

＊29 Vgl. Roman Jakobson, Linguistik und Poetik, in: ders., Poetik. Ausgewählte Aufsätze 1921-1971, hg. von Elmar Holenstein, Frankfurt a. M.1979, S.83-121. Winfried Menninghaus, Unendliche Verdopplung. Die frühromantische Grudlegung der Kunsttheorie im Begriff absoluter Selbstreflexion, Frankfurt a. M., 1987.

＊30 これについては、例えば、「反省の立場」と同一であるとされている本質論理学の始まりの部分におけるヘーゲルの教育的な付け足しを参照。「反省という表現はまずもって、反射（spiegeln）する平面に向かって直線的に進んでいき、そこで逆向きに投げ返されるという意味で光に関して用いられる。」Enzyklopädie § 112, Zusatz. Hegel, Werkte 8. Frankfurt a.M. 1986, S.232.

セメレがゼウスによって、プラトンの洞窟の囚人が光のイデアによって、モーゼがヤーヴェによってそうなったように、人はガス光から発する耐えがたい光によって失明するのだ。「ガスの炎の光があまりに強烈だったので、人はもはやそれを直視することに耐えられなかった。」[*34] そういうわけでリルケの詩は真のアナクロニズムを、そして修辞学的に見れば、カタクレーゼ(濫喩)、イメージの断絶を記しているのだ。無論決してそこに彼のミスがあるわけではなく、むしろ正確な詩的計算が働いているのだ。

太古的、神聖な過去は極めて意図的に、世俗的なモデルネの日常的なオブジェと対決させられる。リルケが自らの詩作を、技術的なモデルネと理想競争しているものとして、そして恐らく同時に、理想連合関係にあるものと見ていたことを証拠付ける文書も残されている。彼は、文学は自己自身、そして自己の可能性のメディア的な条件について省察する時にのみ、技術的メディアに対抗しうるようになることを明らかにしようとしたのである。つまり、

何かの詩が、まさにその極端な本性の帰結として、突如として技術的正確さに接近し、言わば自らの宇宙空間から露のように、問題の表面へと降りてくるのだ。[*35]

しかしこの観察だけでは、「ねじ戻された zurückgeschraubt」の意味論的なポテンシャルが

汲み尽くされたとはまだとても言えない。とどのつまり、「ねじられた geschraubt」という表現は、言語反省的、とりわけ言語批判的な意味において使用されているのだ。ドイツ語には「わざとらしい geschraubt」言い回し、フレーズといった表現がある。従ってトルソーの美的仮象と、実在の——無論対比のために喚起されているだけの——燭台、そしてガス光の対比は、極端に高度にわざとらしい＝ねじられたメタファー的な言い回しだと言えよう。[36]

グリムのドイツ語辞典で“schrauben”を引いてみると、とりわけ、偽り、不誠実さ、嘘といった意味の変種に出くわす。そこから、ヘシオドスの場合肯定的に、プラトンの場合非難めい

＊31 Vgl. Kaiser (Anm 28.), S.636f.

＊32 グリム・ドイツ語辞典の「ねじる schrauben」の項では、この意味での用法の唯一の（そして同時に最古の）例として以下のものが挙げられている。「ランプはねじ下ろされた＝消された die lampe war niedergeschroben」この例は以下のソースから取られたものである。Didaskalia, oder Blätter für Geist, Gemüth und Publizität, hg. von J.L.Heller u.a. Ffm 1823ff, hier:21.9.1872.

＊33 これに続く記述に関しては、以下を参照。Wolfgang Schivelbusch, Lichtblicke. Zur Geschichte der künstlichen Helligkeit im 19.Jahrhundert, München Wien 1983.

て用いられた、詩的な嘘というトポスの響きが感じられる。それによって、詩的に仮象を存在へと向かわせようとするメタファーの要求は、ねじ戻されるわけである。

メタファーはいかに曲がりくねっていたとしても、自らがどのように仮象を作り出しているのかに注意を向けさせるのだ。そしてメタファーは自らの自己言及的言い回しを継続する。この後に続く行の根底にも、ねじり運動の「比喩形象」[*37]が作用している。メタファー的な要求をねじ戻すのではなく、ねじ上げていく大胆なメタファーの更なる連鎖全体に随伴される形で、この比喩形象は「胸の舳先」、「腰の静かなひねり」という形を取って第二のクワルテット（四行詩節）を形成する。

そして無の中、つまり欠けているファロスという空虚な中心にその目標点を見出だすことになるのである。メタファー的な運動のねじ戻しとねじ上げは、その（暫定的な）目標を不在性の内に見出だす。デリダの言葉を借りて言えば、それによって初めて相互に指示し合う記号の戯れが可能となる隙間、差延の内に見出す、ということになるだろう。

読まれた意義の現前性という解釈学的公理もまた、自己反省的な言い回しとまがりくねりの内へとねじ戻される。自分が嘘をついていると語りはしないものの、一連の大胆なメタファーの用法において、自己自身の作用を展開すると同時に撤回するこの詩は、もはや一義的には読めない。ねじ戻されたのは、芸術を生に参入させようとするピグマリオン的要求だけではない。

極めて強引な読み方をすれば、芸術的に媒介された過去によって圧倒することを主題にするこのソネットは、これまで述べてきた多義的なメタファー系、つまりメタファー系についてのメタファー系の硬い接合を媒介に、過去に対して距離を取っているのである。メタファー系の意味過剰はオブジェを再現前化し、喚起する一方で、その現在性を再び遠ざけてしまうのである。神聖・太古的領域と技術的で現代的な文脈の対決、そして、文字通りに解すべき存在論的な仮象、及び美的仮象と技術的領域の接近によって無理やり仲介がなされているのではなかろうか。

その場合、どこで、そして何の内に仲介が見出だされるのだろうか。仲介が詩の中で遂行されているとすれば、なぜ最後の文で命令的な要求が発せられているのだろうか。仲介が実体的に現実化されているとすれば、それは少なくとも美的な全体化要求の相対化を示していると言えよう。デリダと共に脱構築な読み方をすれば、詩が採用している自己言及的な言い回しは、

＊34 Vgl. Schivelbusch, S.49.

＊35 Brief vom 5.4.1926 an Dieter Bassearmann, Briefe (hg. v. Rilke-Archiv), S.937.

＊36 カイザーはこのことに気付いている。Kaiser (Anm. 28), S.637.

詩の対象的な内実を非実在化する。

過ぎ去った現前性と神聖に保証された意味の充溢が仮象に媒介された形で再現前化されることを主題とするテクストのように見えるこの詩は、自己自身と自らのメタファー系の作用を公示する。『太古のアポロンのトルソー』は、メタファー系についてのメタファー的な言説である。詩は自らのメタファー的な構造をむき出しにし、それによって言語的な仮象が生成する様を示しているのである。詩は、自らがこの仮象の無理な要求を聞き届け、それを存在へと変換しようとしていることについて語っているように見える。

芸術作品が可能性として暗示する状態にはまだ至っていない生、統合的な未来の現れによってほとんど目がくらみそうな様相を呈する生は、変化しなければならないのだ。仮象は、不在のもの、つまり時間と歴史の浸蝕プロセスの犠牲となった頭部から出発し、そして不在のもの、美的な現れの中に代・表象された状態へと向かっていく。美的経験の現前は、時間によって隔てられているこの二つの地平をエピファニー的な同時性の中で収束させられることを暗示する。

しかし詩は自らの自己言及的な言い回しにおいて、メタファー的な仮象の——ねじられた＝不自然な——生成を実演して見せることを通して、高くねじ上げた自らの要求を、再び撤回する傾向を示しているように見える。これによってこの要求の効力が相対化されるのだろうか。

それとも、まさにこの脆い経験の持つ尊厳が正当化されるのだろうか。同時性に含まれる論理的な問題を思い出してみよう。同時性は（少なくとも）二つの相関項を包含している。リルケの詩においては、現在性と不在性の区別における統一性の経験が、今や統一性における区別の経験へと転換してしまったように見える。

当然のことながら、これと逆の読解も可能である。既に述べたように、仮象は無ではない。最後の文をもう一度思い浮かべて（＝再現前化して）みよう。「君は君の生を変えねばならない。」最初にトルソーに付与された断片的なものとしての特性は、我々が詩の運動を一通り通過した時点において、例えば伝達回路が損なわれている立像に最終的に帰着するわけではない。

断片的なものとして現れてくるのは、むしろ、芸術作品の完成に対して何もなそうとせず、今や自らも運動の中に身を投じようとしている観察者の生である。

このリルケ解釈を援用することで、今こそ現前性の形而上学に対するデリダの批判について問いを発することができよう。彼の形而上学批判を動機付けている背景モデルを見る限り、彼の批判は論理的強制力を帯びたものではないように思える。ニクラス・ルーマンと共に、理論

＊37　リルケの比喩の詩法については以下を参照。vgl. Allemann (Anm.19).

というものを二つの基本的なタイプに区分することができる。その一つは、「完成のイメージ、つまり、最も広い意味での可能な限り最良の状態のイメージから導き出されてくる」ものである。

西洋的形而上学の欺きようのない基本前提としての、あらゆる形式の現前性の内に、差延の働きを証明しようとするデリダの意気込みは、まさに完成のモデルに対する彼の明らさまな批判的な身振りに起因する。しかしこのように輪郭をはっきり設定すると、リルケの詩は、デリダの理論から照らし出される形で、後者にもう一つの光を当てるのが可能であることを明らかにしてくれる。つまりリルケは、ルーマンの言う第二の理論タイプの起点である非蓋然性から出発しているのである。[*38]

ここで問題になるのは、現前性という形而上学的な前提ではない。時間という問題を考慮に入れることによって、むしろ以下のような問いが生まれてくる：時間の無化する力学にもかかわらず、現前性の経験が可能なのはなぜか？

現前の形而上学に対するデリダの批判の範列的定式は、『声と現象』におけるフッサール読解の内に見出だされる。その内で超越論的主観性が自己自身のもとに留まっている、意識の原形式としての生き生きした現前というフッサールの概念は、過去把持（Retention）の必然性のために自己自身の内でひどく分裂している、というわけだ。

そうしたデリダの記述を受け入れたうえで、評価の仕方だけ逆転させることも可能だろう。その場合、全ての現前性に還元不可能なものとして内在している過去把持が差異という欠如ではなく、むしろ差異を開示する時間地平の豊かさを指示している、と見ることが可能になるだろう。

ハンス・ブルーメンベルクを範とする形で、マンフレート・ゾンマーは的確にも、「過去把持的な明証性」という現象についての知見が、フッサール哲学の最重要な知見と見なされうることを明らかにした。[*39] そもそも意識が有るのは、意識がそのあらゆる瞬間において、いつも既に自己を越えているからに他ならない。あらゆる今が、直接的な過去の意識の、即ち現在の意識よりも明証性が低くない過去の意識の庭に囲まれているおかげで、意識は志向的に世界に関わることができるのだ。まさにそれゆえに過去の意識だけではなく、とりわけ現在という意識が有るのである。まさにそのおかげで、有ったもの＝現成しつつあるもの（das Gewesene）という美的仮象が、現在の中に浸透してくるのである。

過去把持的な明証性は、いわば存在についてのあらゆる意識の内に還元不可能なものとして含まれる仮象である。今が単に今ではなく、同時に非・今であるという謎――この謎は一方で、あらゆる現前性の脱中心化、まさに統一性における区別として批判的に見ることができよう。ただし、どうしてそう見なければならないのか、という問いは残る。むしろ区別の統一性を強調すべきではないのだろうか?

訳者付記：ウーヴェ・シュタイナー（一九六三〜）は、現在、ドイツ・マンハイム大学言語文学部に助手（ドイツ文学・メディア論）として勤務しながら、ドイツ文学におけるヴェール・メタファーの系譜の脱構築的な分析をテーマに教授資格論文を執筆中（論文執筆当時）。ヨッヘン・ヘーリッシュの門下生の中でも将来最も有望な研究者として注目されている。（二〇一二年以降、ハーゲン通信大学教授）

***38** Niklas Luhmann: Die Unwahrscheinlichkeit der Kommunikation, in: ders.:Soziologische Aufklärung Ⅲ, Opladen 1981, S.25-34 (S.25).

***39** Manfred Sommer: Evidenz im Augenblick Eine Phänomenologie der reinen Empfindung, Frankfurt a.M.1986, S.303.

〈訳者紹介〉

仲正昌樹（なかまさ・まさき）
1963 年、広島県呉市出身。
1996 年、東京大学大学院総合文化研究科地域文化研究専攻博士課程終了（学術博士）。
1995 ～ 1996 年、ドイツ学術交流会給費留学生としてマンハイム大学に留学。帰国後、駒澤大学文学部非常勤講師（哲学・論理学）などを経て、2004 年、金沢大学法学部（現法学類）教授。以来現在に至る。
著書
『教養主義復権論』、『ラディカリズムの果てに』、『〈リア充〉幻想』、『FOOL on the SNS』——センセイハ憂ゆううつ鬱デアル——』など。翻訳にハンナ・アーレント著『完訳カント政治哲学講義録』『アーレントの二人の師』（以上弊社刊）。作品社による「仲正昌樹講義シリーズ」は『〈学問〉の取扱説明書』以来、最新刊『〈後期〉ハイデガー入門講義』に至るまで、いずれも好評を得ている。

デリダのエクリチュール
2019 年 11 月 25 日　初版第一刷発行

著　者　ジャック・デリダ 他
訳　者　仲正昌樹
カバー　東海林ユキエ

発行・発売　㈱明月堂書店
〒 162-005 東京都新宿区河田町 3-15 河田町ビル 3 階
電話 03-5368-2327
ファックス 03-5919-2442
発行人　極内寛人
印刷製本　中央精版印刷株式会社

ISBN978-4-903145-67-9　C0010　Printed in japan

●本書は、情況出版の〝『読む』シリーズ〟『デリダを読む』の巻（二〇〇〇年四月刊）に収録された論文の中から、仲正昌樹が翻訳を担当された論文をピックアップし、一冊に纏めたものである。

●『デリダを読む』には翻訳の他に訳者の論文「〈暴力＝権力〉に憑きまとう亡霊の正体？」、も収録されているが、こちらは二〇一八年一一月に刊行された訳者の著書『ポストモダン・ニヒリズム』（作品社）に再録されているので、合わせて読んで頂くことをお薦めしたい。

●「知識人・資本主義・歓待の法」の番号を付した側注は訳注であるが、他の論考の側注は原注である。

編集部